CUBE
BOOK

CUBE BOOK

DIE WUNDER VON
NEW YORK

WHITE STAR VERLAG

Empty Sky: New Jersey
September 11th Memorial
On the morning of September 11, 2001, with the skies so clear that the Twin Towers across the river appeared to be within reach, the very essence of what our country stands for—freedom, tolerance, and the pursuit of happiness—was attacked. This memorial is dedicated to New Jersey's innocent loved ones who were violently and senselessly murdered that day at the World Trade Center, The Pentagon, and in Shanksville, PA.
John Paul Bocchi
Matthew T. McDermott
Siucheung Steve Wong
Thomas Edward
R. Tieste
John P. Skala
Frankie Serrano
Hideya Kawauchi
Joseph O. Pick
Jemal
Rosenberg
Albert Elmarry
Scott W. Cahill
Jean Peterson
Donald Peterson
Ming-Hao Liu
Gavin Fraser Cushny
Frank Joseph Doyle
Joseph John

Rosenbaum
Jennifer Louise Fialko
Chih Min "Dennis" Foo
Manuel L. Lopez
Kenneth Ledee
Jean Andrucki
Brian F. Hennessey
Nicholas P. Pietrunti
Gallagher
Michael Waye
Joseph Mangano
William F. Fallon
De Santis
Michael Patrick LaForte
Louis F. Aversano, Jr.
Richard Rodriguez
Sorresse
George J. Strauch
John Schroeder
Michael Egan
Lesley Thomas
Andrew Silverstein
Alfred J. Braca
Catherine T. Smith
Sankara S. Velamuri
Vincent Boland Jr.
Charles A. Murphy
Daniel D. Bergstein

88
NY WATERWAY

REDAKTIONELLE LEITUNG
VALERIA MANFERTO DE FABIANIS

Texte
ALESSANDRA MATTANZA

Layout
MARIA CUCCHI

Redaktion
LAURA ACCOMAZZO
VALENTINA GIAMMARINARO

Übersetzung
NADINE LUCKOW
SONJA HÄUSSLER

Producing
SAW COMMUNICATIONS, MAINZ
REDAKTIONSBÜRO DR. SABINE A. WERNER

© 2012 EDIZIONI WHITE STAR S.R.L.
VIA MARIO GERMANO, 10
13100 VERCELLI - ITALIEN
WWW.WHITESTAR.IT

Eine eindrucksvolle Ansicht Manhattans.

ISBN 978-3-86726-198-2
1 2 3 4 5 6 16 15 14 13 12
Gedruckt in China

INHALT

DIE WUNDER VON NEW YORK

2–3 • Der Central Park bildet die grüne Lunge im Herzen der Stadt.

4–5 • Im Empty Sky Memorial im Liberty State Park in Jersey City kann man an einer Wand die Namen der 746 Bewohner New Jerseys lesen, die 2001 beim Terrorangriff auf die Zwillingstürme ums Leben kamen.

6–7 • Diese beiden Wolkenkratzer stehen sich an der Fifth Avenue gegenüber.

8–9 • Ein futuristisches Porträt der neuen Skyline Lower Manhattans.

13 • Die Freiheitsstatue war schon immer das Symbol für den demokratischen Geist New Yorks.

14–15 • Die Gebäude des Finanzzentrums Lower Manhattans spiegeln sich im Wasser des Flusses.

16–17 • Jedes Jahr zu Weihnachten schmücken beleuchtete Engel das Rockefeller Center.

JULY
IV

Einleitung

NEW YORK IST EINE LEBENDIGE STADT. MANNIGFALTIG, VIELSEITIG, ANPASSUNGSFÄHIG, WIE EIN CHAMÄLEON, WECHSELT SIE IHRE FARBE UND IHRE FORM, JE NACH MOMENT UND SITUATION, IN NUR EINEM AUGENBLICK. DIE FENSTER DER WOLKENKRATZER, DIE SICH IN GROSSER HÖHE ZUR WELT ÖFFNEN, DIENEN IHR ALS AUGEN, WIE AUCH DIE LICHTER, DIE VON SCHILDERN UND REKLAMETAFELN AUS ALLES ZU BEOBACHTEN SCHEINEN, UND DIE FERNSEHKAMERAS, DIE PASSANTEN DANK FUTURISTISCHER TECHNOLOGIE IN DIE UNTERFÜHRUNGEN ZUR U-BAHN FOLGEN, IN EINEM WIMMELNDEN AUF UND AB VON MENSCHEN. NEW YORK ÖFFNET SEINE TÜREN FÜR MILLIONEN VON TOURISTEN, DIE JEDEN TAG IN DIE ZAHLREICHEN MUSEEN STRÖMEN, UND FÜR ALL JENE, DIE SICH IN DEN GESCHÄFTEN UND GROSSEN WARENHÄUSERN DEM KAUF - UND KONSUMRAUSCH HINGEBEN MÖCHTEN. DIE VIELEN VERFÜHRERISCHEN BARS, RESTAURANTS UND KNEIPEN SIND WAHRE ANZIEHUNGSMAGNETE UND LADEN IHRE GÄSTE EIN, BIS ZUM MORGENGRAUEN ZU VERWEILEN. DIE OHREN DIESER STADT SIND STETS

Verkehrsgewühl am Times Square.

TDK
DUNKIN' DONUTS
1500
NYGARD
YAHOO!
Levi's
THE LION KING
AEROPOSTALE
SL GREEN
1515 Broadway
W 46 ST
ONE WAY
POLICE

Einleitung

BEREIT, KREATIVE IDEEN MIT ENTHUSIASMUS AUFZUNEHMEN. ALL DAS MACHT NEW YORK SO ANZIEHEND UND UNWIDERSTEHLICH: DIESE STADT, DIE NIEMALS SCHLÄFT. IHR HERZ SCHLÄGT IM RHYTHMUS IHRER MEHR ALS ACHT MILLIONEN EINWOHNER (17 MILLIONEN, NIMMT MAN DAS DURCH DAS U-BAHN-NETZ ERSCHLOSSENE GEBIET HINZU. DAZU KOMMEN NOCH 18 MILLIONEN TOURISTEN JEDES JAHR), DIE SIE DURCHEILEN, WIE EIN VOLK FLEISSIGER AMEISEN. ES SCHEINT, ALS WÄRE SIE EINE SCHWER ZUFRIEDEN ZU STELLENDE GELIEBTE, DENN SIE WIRD GELIEBT, GEHASST, MISSACHTET, KRITISIERT, RESPEKTIERT UND ARGWÖHNISCH BETRACHTET. NEW YORK IST EBEN UNBERECHENBAR UND UNKONTROLLIERBAR, ABER GLEICHZEITIG AUCH EINFACH UNWIDERSTEHLICH.

ES GIBT NICHT NUR EIN NEW YORK, SONDERN DUTZENDE, TAUSENDE, HUNDERTTAUSENDE, UND JEDES MAL ENTDECKT MAN EIN NEUES GESICHT, DENN NEW YORK IST IMMER EIN „NEW NEW YORK", EINE STADT, DIE SICH STÄNDIG NEU ERFINDET, IN DER NEUE VIERTEL ENTSTEHEN UND TRENDS GEBOREN WERDEN.

Einleitung

NEW YORK BLEIBT EBEN DIE STADT DER TRÄUME, WO MENSCHEN AUS ALLEN TEILEN DER WELT ANKOMMEN, UM EIN NEUES LEBEN ZU BEGINNEN. IHRE WURZELN REICHEN 11500 JAHRE WEIT ZURÜCK, ALS DIESES GEBIET NOCH VON SÜMPFEN DURCHZOGEN UND VON PALÄO-INDIANERN BEWOHNT WAR. DER ERSTE EUROPÄER, DER HIER AN LAND GING, WAR DER ITALIENISCHE ENTDECKER GIOVANNI DA VERRAZZANO, DER UNTER FRANZÖSISCHER FLAGGE SEGELTE UND 1524 HIER ANLEGTE. HENRY HUDSON, EIN ENGLÄNDER IM DIENSTE DER HOLLÄNDISCHEN WESTINDIEN-KOMPANIE, GELANGTE 1609 ÜBER DEN FLUSS, DER HEUTE SEINEN NAMEN TRÄGT, IN DIESES GEBIET. DIE ERSTE HOLLÄNDISCHE SIEDLUNG WURDE ALLERDINGS ERST 1613 GEGRÜNDET. DER LEITER DIESER KOLONIE, PETER MINUIT, KAUFTE DEN UREINWOHNERN 1626 DIE INSEL MANHATTAN AB, DIE SIE GEGEN STOFFE UND ANDERE WERTLOSE GEGENSTÄNDE IM GESAMTWERT VON 24 DOLLAR HERGABEN. DIE STADT WURDE VON SEINEN EINWOHNERN „NIEUW AMSTERDAM" GENANNT – VERMUTLICH, WEIL SIE SEHNSUCHT NACH DER HEIMAT

Einleitung

HATTEN. IM JAHR 1657, ALS PETER STUYVESANT REGIERTE, GESELLTEN SICH DIE ENGLISCHEN QUÄKER HINZU. 1664, ALS DER ENGLISCHE OBERST RICHARD NICOLLS AUF BEFEHL VON JAMES STUART, HERZOG VON YORK UND BRUDER DES ENGLISCHEN KÖNIGS, DIE STADT EINNAHM UND ZUM ERSTEN ENGLISCHEN GOUVERNEUR ERNANNT WURDE, BENANNTE ER SIE NACH SEINEM GÖNNER UM, UND SO WURDE AUS DIESER STADT „NEW YORK".

DIE STADT WAR VON ANFANG AN DURCH EINEN GROSSEN FREIHEITSGEIST CHARAKTERISIERT, WIE DIE KOLONIEN ZEIGTEN, DIE UNTER DER ENGLISCHEN HERRSCHAFT LITTEN UND SICH UM KOMMANDEUR GEORGE WASHINGTON ZUSAMMENSCHLOSSEN. 1783 ERKÄMPFTE WASHINGTON, DER IN DIE STADT EINMARSCHIERTE, DIE AMERIKANISCHE UNABHÄNGIGKEIT. ER KEHRTE DAMALS IN DEM RESTAURANT FRAUNCES TAVERN IN LOWER MANHATTAN EIN, WO DIE ALTEN HÄUSER JENER ZEIT NOCH HEUTE AN DIE VERGANGENHEIT ERINNERN, AUCH WENN SIE NUN VON RIESIGEN WOLKENKRATZERN UMGEBEN SIND.

24–25 • Eine Joggerin trainiert auf der runden Aschenbahn im Central Park.

Einleitung

DAS HEUTIGE NEW YORK IST VOR ALLEM EIN SYMBOL DER FREIHEIT, WORAN DIE FREIHEITSSTATUE STETS ERINNERT, DIE VOM BATTERY PARK AUS GUT BETRACHTET WERDEN KANN. DIESER PARK VERDANKT SEINEN NAMEN DEN KANONEN, DIE HIER IM 18. JAHRHUNDERT POSTIERT WAREN UND ZUR BEFESTIGUNGSANLAGE CASTLE CLINTON GEHÖRTEN, DIE NOCH IMMER ZU BESICHTIGEN IST. DIE STATUE, DIE 1883 ALS GESCHENK DER FRANZOSEN AN DIE AMERIKANER HIERHER KAM UND 1886 EINGEWEIHT WURDE, ERHEBT SICH AUF EINER KLEINEN INSEL VOR DER BUCHT. SIE HÄLT EINE TAFEL, IN WELCHE DAS DATUM DER UNABHÄNGIGKEITSERKLÄRUNG EINGEMEISSELT IST, UND EINE FACKEL, DIE DAS LICHT DER VERNUNFT SYMBOLISIERT, WÄHREND DIE SIEBEN SPITZEN IHRER KRONE DIE SIEBEN KONTINENTE DARSTELLEN. „LADY LIBERTY", WIE SIE AUCH GENANNT WIRD, WAR DAS ERSTE, WAS DIE EINWANDERER SAHEN, WENN SIE HIER MIT DEM SCHIFF ANKAMEN UND AUF ELLIS ISLAND AN LAND GEBRACHT WURDEN. BIS HEUTE REPRÄSENTIERT SIE DEN MYTHOS VOM AMERIKANISCHEN TRAUM.

26–27 • Blick von oben auf den East River und Midtown East.

NEW YORKER ANSICHTEN

• Nahaufnahme des Empire State Buildings im Sonnenuntergang, im Hintergrund Downtown Manhattan.

EINLEITUNG New Yorker Ansichten

UM DIE UNERMESSLICHE GRÖSSE DER STADT NEW YORK ZU ENTDECKEN, MUSS MAN NACH OBEN STEIGEN, WIE ETWA AUF DIE PANORAMA-PLATTFORM DES EMPIRE STATE BUILDINGS ODER DES ROCKEFELLER CENTERS. VON HIER AUS LÄSST SICH IHR LABYRINTH AUS STRASSEN UND WEGEN, IHRE VON GRÜNEN INSELN UNTERBROCHENE WELT AUS WASSER UND STEIN SOWIE IHR BIZARRES KALEIDOSKOP AUS FARBEN, FORMEN UND TAUSEND LICHTERN IN SEINER GANZEN PRACHT ÜBERBLICKEN. VON DORT AUS IST AUCH DIE FREIHEITSSTATUE ZU ERSPÄHEN, DIE ENTSCHLOSSEN IN EINE VERHEISSUNGS-VOLLE ZUKUNFT ZU BLICKEN SCHEINT.

NEW YORK BIETET EINE UNENDLICHE VIELFALT AN SEHENSWERTEN ARCHITEKTUREN, DIE BEI JEDEM HÄUSERBLOCK WECHSELN UND SICH STÄNDIG VERÄNDERN. TYPISCH FÜR DIE STADT SIND DIE GEBÄUDE DER BATTERY PARK CITY, WO VIELE BEAMTE UND MANAGER LEBEN, DER FINANCIAL DISTRICT MIT DER WALL STREET, DER FEDERAL HALL, DER BÖRSE, DER TRINITY CHURCH, DEM BOWLING GREEN PARK, DER BERÜHMTEN BRONZESTATUE DES STIERS, DER ST. PAUL'S CHAPEL SOWIE

EINLEITUNG New Yorker Ansichten

GROUND ZERO MIT SEINER BAUSTELLE FÜR DAS NEUE WORLD TRADE CENTER. AUCH ERWÄHNENSWERT SIND DAS WORLD FINANCIAL CENTER, DAS RATHAUS UND DIE GERICHTSGEBÄUDE, DAS MUNICIPAL BUILDING, DAS CRIMINAL COURTS BUILDING UND DAS N.Y. COUNTY COURTHOUSE. IM SOUTH STREET SEAPORT, DEM HISTORISCHEN HAFENDISTRIKT, SPIELT SICH DAS LEBEN RUND UM DIE GESCHÄFTE DES MARKETPLACE UND AN DEN PIEREN AB, DIE VON DER BROOKLYN BRIDGE ÜBERRAGT WERDEN.

DIE ST. PATRICK'S CATHEDRAL VON 1878 UND DIE NEOGOTISCHE TRINITY CHURCH VON 1846 VERWEISEN AUF DIE VERGANGENHEIT ... ODER SIND ES DIE „NEUEN WELTEN“ AUS GLAS UND STAHL, DIE AUF DIE ZUKUNFT VERWEISEN? DAS ERSCHEINUNGSBILD VON MANHATTAN HAT SICH IN DEN LETZTEN JAHREN DURCH DIE VERWENDUNG VERSCHIEDENER ARCHITEKTONISCHER FORMEN UND STILE VERÄNDERT. ARCHITEKTEN HABEN GROSSEN KREATIVEN FREIRAUM UND KÖNNEN NACH DEM MOTTO: „WARUM NICHT? DAS IST NEW YORK, HIER IST ALLES MÖGLICH!” VERFAHREN. DIESE EXPERIMENTIERFREUDIG-

EINLEITUNG New Yorker Ansichten

KEIT HAT DIE STADT UM NEUE GEBÄUDE BEREICHERT, DIE VON MUSEEN, WOLKENKRATZERN UND HOTELS BIS ZU STIFTUNGSHÄUSERN UND KULTURZENTREN REICHEN. DIE ARCHITEKTUR MIT LICHT UND GLAS FOLGT EINEM NEUEN UMWELTBEWUSSTEN KONZEPT, DAS DIE AUSBREITUNG VON „GREEN BUILDINGS" ZUR FOLGE HATTE. ZU DEN ARCHITEKTONISCHEN SYMBOLEN VON NEW YORK, WIE DEM FLATIRON BUILDING, DEM EMPIRE STATE BUILDING, DER NEW YORK PUBLIC LIBRARY, DEM CHRYSLER BUILDING UND DER GRAND CENTRAL STATION, GEHÖREN NUN AUCH: DER ASYMMETRISCHE UND GEWELLTE BEEKMAN TOWER VON FRANK GEHRY AUS DEM JAHR 2011; DAS APARTMENT-HOCHHAUS 100 IN DER 11TH AVENUE, JEAN NOUVELS „VISION MACHINE" VON 2010, EIN MOSAIK AUS PLATTEN UND FENSTERN; DIE BEGRÜNTE PROMENADE DER ARCHITEKTEN DILLER SCOFIDIO + RENFRO UND DES LANDSCHAFTSARCHITEKTEN-BÜROS JAMES CORNER FIELD OPERATIONS, WELCHE DIE HIGH LINE (DIE NICHT MEHR GENUTZTE HOCHBAHNTRASSE VON NEW YORK) UMGESTALTET UND MIT SPRINGBRUNNEN, LICHTSPIELEN UND DIVERSEN INSTALLATIONEN AUSGESTATTET HABEN. DAZU

EINLEITUNG New Yorker Ansichten

KOMMEN DER BANK OF AMERICA TOWER, EIN TURM AUS GLAS UND STAHL, UND FRANK GEHRYS IAC BUILDING IN FORM EINES SCHIFFES MIT GESETZTEN SEGELN. INTERESSANT SIND AUCH DAS NEW ACADEMIC BUILDING DER COOPER UNION VON THOM MAYNE, DIE TICKET BOOTH VON PERKINS EASTMAN AM DUFFY SQUARE, DAS NEW YORK TIMES BUILDING UND DIE ERWEITERUNG DER MORGAN LIBRARY VON RENZO PIANO, DAS HEARST MAGAZINE BUILDING VON SIR NORMAN FOSTER, DIE ZWEI TÜRME DES TIME WARNER CENTER VON DAVID CHILDS, DIE WOHNGEBÄUDE VON RICHARD MEIER IN PERRY WEST, DAS LVMH VON CHRISTIAN DE PORTZAMPARC UND DAS FARBENFROHE WESTIN HOTEL AM TIMES SQUARE, DAS EINEM TYPISCHEN BAU VON MIAMI ÄHNELT.

NEW YORK STREBT WEITERHIN IN DIE HÖHE, WIE DIE VISION VON DANIEL LIBESKIND UND VIELEN ANDEREN ARCHITEKTEN FÜR DAS „NEUE WORLD TRADE CENTER" ZEIGT, DAS SICH VOM GROUND ZERO ERHEBEN WIRD. AM 12. SEPTEMBER 2011 WURDE DAS 9/11 MEMORIAL ERÖFFNET, EIN TRIBUT AN DIE ZAHLREICHEN OPFER DER ANSCHLÄGE.

34 • Ellis Island diente zwischen 1892 und 1954 als Militärarsenal. Die Insel war die wichtigste Einreisestelle für Immigranten, die in den Vereinigten Staaten ankamen. Heute befindet sich auf Ellis Island das Einwanderungsmuseum, das man mit der Eintrittskarte für die Freiheitsstatue besuchen und mit derselben Fähre erreichen kann.

35 • Über dem Hudson erhebt sich die Freiheitsstatue am Eingang des New Yorker Hafens. Sie steht auf der felsigen Liberty Island und war schon immer das Erste, was die Immigranten sahen, wenn sie sich New York näherten.

● Die Freiheitsstatue, die mit dem 47 m hohen Podest eine Gesamthöhe von 93 m erreicht, stellt eine Frau in einer langen Toga und mit gekröntem Haupt dar. Die sieben Spitzen ihrer Krone stehen für die sieben Weltmeere und die sieben Kontinente.

38 und 39 • Die Freiheitsstatue hält in der einen Hand eine Fackel als Symbol für das ewige Feuer der Freiheit, in der anderen ein Buch mit dem Datum des 4. Juli 1776, dem amerikanischen Unabhängigkeitstag.

40–41 • Diese Aufnahme zeigt die Insel Manhattan, auf der sich der gleichnamige New Yorker Stadtbezirk befindet.

JULY
IV
MDCCLXXVI

42–43 • Im September 2011 wurde das 9/11 eröffnet. Das National September 11 Memorial, ein Mahnmal für die Opfer der Anschläge, besteht aus zwei Becken, die sich an der Stelle befinden, an der früher die Zwillingstürme aufragten.

43 • Auf den Rändern und Wänden der Becken sind die Namen der Opfer der terroristischen Anschläge eingeprägt.

44–45 • Die Brooklyn Bridge, rechts, erstreckt sich zur futuristischen Skyline des neuen New York.

118-138 →
WATER

95-104→
WALL ST

46–47 • Die Wall Street ist eine wichtige Verkehrsader des New Yorker Finanzdistrikts, sie ist der permanente Sitz der New Yorker Börse. Ihren Namen verdankt sie den vor langer Zeit abgerissenen Stadtmauern.

48 • Auf der Wall Street, in der Nähe des Bowling Green Parks, steht die Bronzestatue eines Bullen, die von dem sizilianischen Künstler Arturo Di Modica angefertigt wurde.

49 • Die New Yorker Börse ist eine der berühmtesten der Welt. Ihre Fassade ziert stets eine riesige Stars-and-Stripes-Flagge.

50–51 • Die Brooklyn Bridge und die Wolkenkratzer des Finanzzentrums Lower Manhattans am sehr frühen Morgen, bevor das Verkehrschaos beginnt.

STOCK EXCHANGE

PIER 17

Brooklyn Br
Manhattan Civic
Center

Eine der spektakulärsten Aussichten auf die Wolkenkratzer Manhattans bietet ein Spaziergang über die Brooklyn Heights Promenade.

54 • Das IAC Building im New Yorker Stadtteil Chelsea, ein spätmodernes Werk des Konstruktivismus, wurde von dem berühmten Architekten Frank Gehry entworfen und im Jahr 2007 fertiggestellt.

54–55 • Das IAC Building wirkt wie ein großes Schiff mit vollen Segeln, seine Wände bestehen aus Glas und Zink.

• Das IAC Building ist das erste Gebäude, das Frank Gehry in New York gebaut hat. Durch seine Wände aus Glas sind die Büros zu erkennen.

nip/tuck
OCT 30
Comcast
tripleslanguage.com
WESTIN
Chevys
SALADS
PASTA
Villa Pizza
FRESH MEX

Das Westin Hotel erinnert an Miami, es steht aber in New York. Das kunterbunte, originelle, provokante Gebäude wurde 2002 fertiggestellt und ist seitdem ein Symbol für die neue Blüte des Times Square.

60 • Darüber hinaus steht das Westin Hotel für das multikulturelle New York, dessen Rhythmus sich im Profil des Glasturms widerzuspiegeln scheint. Blau, Rosa und Orange fügen sich hier zu einem kontrastreichen Mosaik zusammen, das den Verkehr und die Dynamik dieser Gegend versinnbildlicht.

61 • Das Gebäude wurde von Arquitectonica entworfen, dem in Miami ansässigen Architektenbüro des aus Lima stammenden Bernardo Fort-Brescia und Laurinda Spear.

• Das Apartmenthaus 100, 11th Street wurde von seinem Architekten Jean Nouvel als „visionäre Maschine" bezeichnet. Das 2007 begonnene Gebäude wurde 2010 fertiggestellt und beruht auf dem Verhältnis von Innen und Außen, auf Vertrautheit und urbanem Kontext: Ein Mosaik aus 1650 Fensterpanelen charakterisiert die komplexe Fassade, die einen spektakulären Blick über den Hudson und den High Line Park bietet.

THE COOPER

64–65 • Thom Mayne vom Architekturbüro Morphosis Architecture wurde zusammen mit Gruzen Samton ausgewählt, um das neue Lehrgebäude der Cooper Union zu gestalten.

65 • Das neue Gebäude ist ökologisch gebaut, sodass 75 Prozent des natürlichen Lichts genutzt werden können. Die Außenpanele können gesteuert und individuell geöffnet und geschlossen werden.

● Die weltberühmte Atlas-Statue steht vor dem zum Rockefeller Center gehörigen International Building.

• Detail einer Dekoration des Rockefeller Centers, das schon immer ein Symbol des Ansehens und der Macht in New York war.

Die Prometheus-Statue dominiert das Herz des Rockefeller Centers.

ART BROUGHT THE
MEANS TO

Die St. Patrick's Cathedral ist die wichtigste Kirche der Erzdiözese von New York. Sie wurde zwischen 1853 und 1878 im neugotischen Stil nach dem Vorbild der mittelalterlichen Kathedralen Europas errichtet. Die 120 m lange und 53 m breite Kirche liegt an der mondänen 5th Avenue. Ihre Glockentürme sind 99 m hoch.

Der Bahnhof Grand Central ist der Anzahl seiner Bahnsteige nach der größte der Welt. Die Uhr an seiner Fassade stellt eines der weltgrößten Beispiele für Tiffany-Glaskunst dar und ist von Skulpturen der Firma John Donnelly umgeben, die die Gottheiten Minerva, Herkules und Merkur darstellen.

EPARTURES
INFORMATION
TRO-NORTH TICKETS

Die Haupthalle des Grand Central, Main Concourse genannt, gehört zu den Wahrzeichen New Yorks. Sehr berühmt ist auch die Uhr mit den vier Zifferblättern über dem Informationsschalter. Alle vier Zifferblätter bestehen aus Opal.

The New York

78–79 • Der Wolkenkratzer der New York Times wurde von Renzo Piano entworfen und zwischen 2003 und 2007 erbaut. Er gilt als ein Meisterwerk der Postmoderne.

79 • Der Bank of America Tower erhebt sich mit seinen 366 m Höhe am Bryant Park und ist das Werk des Architektenbüro Cook + Fox. Das 2009 fertiggestellte Gebäude gehört zu den umweltfreundlichsten Gebäuden überhaupt.

80–81 • Das frühere General Electric Building ist das pulsierende Herz des Rockefeller Centers, es ist im Art-deco-Stil gehalten.

82–83 • Mehrere Straßen treffen am Times Square aufeinander, der berühmt ist für seine Lichter und Reklametafeln, die an den umliegenden Gebäuden prangen.

ENTRANCE
ON 45TH STREET
THE
STARS
ALIGN
element
POWER
TO
THE
Make Every Purchase Pink
RS
By
Sheckler
Prudential
HSBC
SAMSUNG
Sherwood Outdoor
800-2-hotels
6G47
7P82
JOE'S
5C42
1N77
NYC TAXI
NEW YORK

LG
SURVIVING DISASTER
THIS SHOW CAN SAVE YOUR LIFE.
TUESDAYS 10PM
PREMIERES SEPTEMBER 1
SPIKE
GET MORE ACTION
World's Longest Lasting AA Battery In High-Tech Devices.
Keep Going
Energizer
SIRIUS XM
swatch
NYC TAXI
8Y72
5G68

84 ● Die 42nd Street ist eine der verkehrsreichsten und berühmtesten Straßen New Yorks. An ihr befinden sich auch der Bahnhof Grand Central und der Bryant Park. Darüber hinaus ist sie Schauplatz zahlreicher Filme.

85 ● Am Times Square trifft man oft auf Polizisten zu Pferde, die die Straßen und das gesamte Gebiet kontrollieren.

Kodak
By George, we did it.
LEADERSHIP
Coca-Cola
tkts

• Auf den Gebäuden am Times Square wimmelt es nur so von bunten Schriftzügen, Plakaten und Schildern, die absolute Eyecatcher sind.

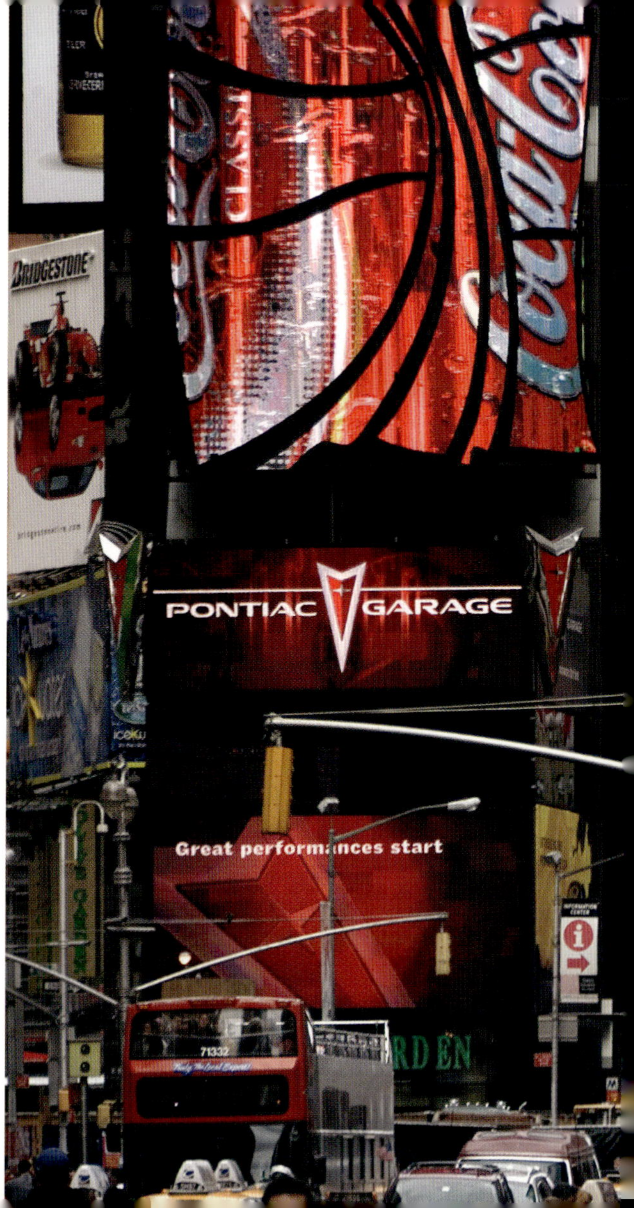

Light
CERVECERIA MODELO, S.A. DE C.V.
MEXICO, D.F.
RENAISSANCE HOTEL
Plus, take home a
of the ex
LOEWS
THEATRES
PLANET
HOLLYW
W 45 ST
ONE WAY
ONE WAY
STANDING ANYTIME
ch+ swatch + +

Das Flatiron Building gehörte bei seiner Fertigstellung 1902 zu den höchsten Wolkenkratzern New Yorks. Seinen Spitznamen haben ihm die New Yorker aufgrund seiner Form verpasst, die an ein Bügeleisen erinnert.

Subway
E

Die New Yorker U-Bahn, die so genannte Subway, gehört mit ihren 468 Stationen, 368 461 Streckenkilometern und 1355 km Schienen zu den weltweit ältesten und weitläufigsten Netzen des öffentlichen Nahverkehrs.

92–93 • Schwindelerregend hohe Wolkenkratzer prägen das Zentrum von Midtown. Rechts ist der Umriss des Empire State Buildings zu erkennen.

93 • Im Vordergrund erkennt man die Architektur des Empire State Buildings, dahinter die Silhouette des Chrysler Buildings.

94 • In New York spiegeln sich die Wolkenkratzer gegenseitig wider, wodurch Lichteffekte und eindrucksvolle Ansichten entstehen. Auf diese Weise erkennt man auf diesem Bild das Chrysler Building.

95 • Die Spitze des Chrysler Buildings spiegelt sich in der Glaswand eines anderen hohen Wolkenkratzers wider, wobei sich seine Form verzerrt und seine Farbe verändert.

• Auf diesem Bild ist einer der Wasserspeier des Chrysler Buildings zu sehen.

98 • Hier recken sich die beiden Türme des Time Warner Centers gen Himmel. Im Vordergrund der Globus des Trump International Hotel and Tower.

99 • Die Wolkenkratzer von Lower Manhattan präsentieren am Flussufer ihre vielfältige Architektur.

Der Beekman Tower, entworfen von Frank Gehry, wurde 2011 fertiggestellt. Aufgrund seiner außergewöhnlichen Form wurde er sofort als „dynamischer Turm“ tituliert. Seine Fassade, die aus Glas und Stahl besteht, reflektiert die Farben der benachbarten Gebäude und fängt jede Lichtveränderung ein.

Die Skyline von New York gehört zu den spektakulärsten der Welt.

104 – 105 • In Midtown ragt der Hearst Tower auf, der Hauptsitz der Medienkonzerns Hearst.

105 • Das ursprüngliche Gebäude im Art-deco-Stil wurde von Sir Norman Foster umgebaut, der mit dem Auftrag betraut wurde, einen Turm zu errichten. Im Jahr 2003 wurde mit dem Bau begonnen, 2006 wurde er eröffnet.

106 und 106–107 • Der moderne Teil des Hearst Towers wurde von Norman Foster entworfen. Dabei handelt es sich um einen vollkommen ökologischen Komplex.

108–109 • Zum Panoramablick gehört der gesamte Central Park, dessen 3,4 Quadratkilometer Rasen, Wald, Seen, Teiche und Sportplätze umfassen.

Die STADT in der STADT

Gusseisernes Detail eines typischen Hauses in SoHo.

EINLEITUNG Die Stadt in der Stadt

NEW YORK IST WIE EINE ZWIEBEL MIT UNENDLICH VIELEN SCHICHTEN, DIE MAN NACH UND NACH ENTDECKEN WILL. JEDES STADTVIERTEL HAT SEIN EIGENLEBEN UND SEINEN GANZ EIGENEN CHARAKTER, WIE EINE STADT IN DER STADT. DOCH LETZTLICH GEHÖREN SIE ZUSAMMEN, WIE TEILE EINES GROSSEN STÄDTISCHEN ORGANISMUS. NUR WER SICH VON DER GLITZERWELT ENTFERNT UND IN DIE SEELE DER WENIGER BEKANNTEN STADTVIERTEL EINTAUCHT, KANN DAS WAHRE WESEN DIESER STADT ERFASSEN.

NEW YORK IST ADMINISTRATIV IN FÜNF BEZIRKE, DIE BOROUGHS, UNTERTEILT: MANHATTEN, BRONX (DURCH DEN HARLEM RIVER GETRENNTER EINZIGER BEZIRK AUF DEM FESTLAND), QUEENS, BROOKLYN UND STATEN ISLAND (EBENFALLS EINE INSEL). MANHATTAN GLIEDERT SICH IN DIE DREI GEBIETE DOWNTOWN, MIDTOWN UND UPTOWN, UND DIESE TEILEN SICH WIEDERUM IN VERSCHIEDENE WOHNVIERTEL, VON DENEN EINIGE ERST VOR KURZEM ZU EINER EIGENEN IDENTITÄT GEFUNDEN HABEN.

NEW YORK BEGINNT IN DOWNTOWN, DEM SÜDLICHSTEN TEIL VON MANHATTAN. „MEHR ALS IN JEDER ANDEREN STADT BESCHREIBT DOWNTOWN IN NEW YORK EINEN KULTURELLEN MIKROKOSMOS,

EINLEITUNG Die Stadt in der Stadt

DER ÜBER EINE BESONDERE SENSIBILITÄT VERFÜGT, WAS NEUE MODERNE KÜNSTE ANGEHT, DIE IN DER GASTRONOMIE, IN DER MODE, IM DESIGN UND IN ALLEN MÖGLICHEN ANDEREN BEREICHEN ZUM AUSDRUCK KOMMEN", ERKLÄRTE GRAYDON CARTER, CHEF-REDAKTEUR DER VANITY FAIR UND MITEIGENTÜMER DES RESTAURANTS WAVERLY INN & GARDEN, EIN LIEBLING DER NEW YORKER MODESZENE. LOWER MANHATTAN UMFASST DEN GESAMTEN FINANZBEZIRK. CHINATOWN ERKENNT MAN SOFORT AN DEN PAGODEN-DÄCHERN, DIE DIE GESCHÄFTE, BANKEN UND MÄRKTE ZIEREN, UND AN DEN CHINESISCHEN SCHRIFTZEICHEN, DIE MIT GRELLEN FARBEN INS AUGE FALLEN. NICHT WEIT DAVON ENTFERNT IST DIE BOWERY ENTSTANDEN, DAS NEUE VIERTEL, DAS SEINEN NAMEN DER FÜR IHRE ROCKSZENE BEKANNTEN STRASSE VERDANKT, UND DAS EINEN GELUNGENEN MITTELWEG ZWISCHEN DER WELT DER ANGESAGTEN MODE UND DER UNDERGROUND-SZENE GEFUNDEN HAT. DAS HERZ VON LITTLE ITALY SCHLÄGT IN DER MULBERRY STREET UND IST DURCH FOLKLORISTISCHE RESTAURANTS, BÄCKEREIEN UND CAFÉS SOWIE DURCH VERSCHIEDENE KIRCHEN, WIE DIE CHURCH OF THE MOST PRECIOUS BLOOD UND DIE OLD SAINT PATRICK'S

EINLEITUNG Die Stadt in der Stadt

CATHEDRAL, BEKANNT. NICHT WEIT DAVON ENTFERNT HAT SICH NOLITA (NORTH OF LITTLE ITALY), DAS VIERTEL DER NEUEN TRENDS, ETABLIERT, DAS WEGEN DER BOUTIQUEN UND DEN VIELEN DESIGNERN GERNE VON FOTOMODELLEN UND SCHAUSPIELERN AUFGESUCHT WIRD. DIE LOWER EAST SIDE IST EIN HISTORISCHES EINWANDERERVIERTEL, DAS IN DER VERGANGENHEIT GRÖSSTENTEILS VON JUDEN UND HEUTE VON ASIATEN UND HISPANOS BEWOHNT WIRD UND DADURCH SEHR MULTIKULTURELL IST, WIE DAS LOWER EAST SIDE TENEMENT MUSEUM UND SEINE SYNAGOGEN BEZEUGEN. DAS EXKLUSIVE UND ELEGANTE TRIBECA WIRD MIT SEINEN LOFTS, KUNSTGALERIEN UND LUXUSRESTAURANTS ALS DAS „VIERTEL DES SCHAUSPIELERS ROBERT DE NIRO" ANGESEHEN, WEIL ER ES MIT DEM TRIBECA FILMFESTIVAL, DEM GREENWICH HOTEL UND DEN RESTAURANTS TRIBECA GRILL UND NOBU WIEDER BELEBT HAT. SOHO, EINER DER ZAUBERHAFTESTEN STADTTEILE VON NEW YORK, BESITZT HERRLICHE GEBÄUDE MIT GUSSEISERNEN FASSADEN UND STIMMUNGSVOLLE STRASSEN, WIE DIE SPRING STREET, PRINCE STREET, BROOME STREET UND DIE GREEN STREET. GREENWICH VILLAGE, GENANNT „THE VILLAGE", IST MIT SEINEN ALLEEN, SEINEN INNENHÖFEN, SEINEN

EINLEITUNG Die Stadt in der Stadt

KLEINEN HÄUSERN, DEM WASHINGTON SQUARE PARK, DEN PUBS UND LOKALEN, WO JAZZ UND LIVEMUSIK GESPIELT WERDEN, EINE WELT FÜR SICH, DIE DURCH KÜNSTLER DER BOHÈME DES 20. JAHRHUNDERTS, DURCH SCHRIFTSTELLER UND INTELLEKTUELLE, WIE DYLAN THOMAS, MARK TWAIN, HENRY JAMES, JOHN REED, E.E. CUMMINGS, EUGENE O'NEILL, EZRA POUND, T.S. ELLIOTT, EDGAR ALLAN POE, JACKSON POLLOCK, JACK KEROUAC UND DIE CHAOTISCHEN DICHTER DER BEAT GENERATION POPULÄR GEWORDEN IST. DAS EAST VILLAGE IST IMMER NOCH VON EINER HIPPIE-AURA UMGEBEN UND ZIEHT POLITISCH AKTIVE KÜNSTLER UND VIELE EINWANDERER AN, WAS IHM EINE BESONDERE „FARBE" VERLEIHT. CHELSEA, DAS NICHT NUR WEGEN DER SCHWULENSZENE POPULÄR IST, SONDERN AUCH WEGEN SEINER KÜNSTLER, UNTER IHNEN ANDY WARHOL, DIE SICH GERNE IM CHELSEA HOTEL TRAFEN, IST STOLZ AUF SEINE LANGEN STRASSEN MIT UNZÄHLIGEN WUNDERBAREN GALERIEN. DER MEATPACKING DISTRICT, DAS EHEMALS VERRUFENE VIERTEL MIT DEN VIELEN SCHLACHTHÖFEN (VON DENEN HEUTE NUR NOCH WENIGE ÜBRIG SIND), IST MIT SEINEN BOUTIQUEN AM TAG UND DEN KNEIPEN AM ABEND ZU EINEM SEHR MODEBEWUSSTEN

EINLEITUNG Die Stadt in der Stadt

„24-HOUR-VIERTEL" GEWORDEN. MIDTOWN IM ZENTRUM MANHATTANS IST DAS VIERTEL DER BANKEN, BÜROS UND BÜROKRATIE, ABER AUCH DER TOURISTEN. DER WESTEN (MIDTOWN WEST) IST DURCH DEN TIMES SQUARE, DEN THEATER DISTRICT, DIE NEUEN WOHNVIERTEL VON HELL'S KITCHEN UND DIE VERSCHIEDENEN RESTAURANTS UND LOKALE SEHR BELEBT. DER OSTEN (MIDTOWN EAST) MIT WOHNVIERTELN WIE MURRAY HILL UND GRAMERCY PARK SOWIE DEM DIPLOMATENVIERTEL RUND UM DAS GEBÄUDE DER VEREINTEN NATIONEN IST DAGEGEN ETWAS RUHIGER, WÄHREND AM HERALD SQUARE UND IN DER NÄHE DES MADISON SQUARE PARK WIEDER LAUTES STIMMENGEWIRR ZU HÖREN IST. VIELE DER WICHTIGSTEN SEHENSWÜRDIGKEITEN BEFINDEN SICH IN MIDTOWN: DAS EMPIRE STATE BUILDING, DAS FLATIRON BUILDING, DAS ROCKEFELLER CENTER, DAS CHRYSLER BUILDING, DIE GRAND CENTRAL STATION UND DIE RIESIGE ST. PATRICK'S CATHEDRAL. UPTOWN IST DER STADTTEIL IM NORDEN DER INSEL MANHATTAN. DAS NEW YORK VIELER WOODY ALLEN-FILME FINDET MAN IN DER UPPER WEST SIDE – DER SEITE, DIE DURCH IHRE TOWNHOUSES, WOHNHÄUSER AUS BRÄUNLICHEM SANDSTEIN, IHRE ELEGANTEN APARTMENTHÄUSER UND

EINLEITUNG Die Stadt in der Stadt

HISTORISCHEN BAUTEN CHARAKTERISIERT IST, WIE DIE MAJESTIC APARTMENTS, DIE CENTURY APARTMENTS, DAS SAN REMO, DAS ELDORADO UND DAS ANSONIA HOUSE, SOWIE DURCH DIE EUROPÄISCH ANGEHAUCHTEN LÄDEN UND CAFÉS – UND IN DER UPPER EAST SIDE, DEM SEHR BEGEHRTEN UND EXKLUSIVEN WOHNVIERTEL MIT SEINER MUSEUM ROW, DEM TEIL DER FIFTH AVENUE, WO SICH VIELE MUSEEN ANEINANDER REIHEN. EBENFALLS IM OSTEN, IN DER NÄHE DES ENTZÜCKENDEN CARL SCHURZ PARKS, BEFINDET SICH DIE GRACIE MANSION, DIE OFFIZIELLE RESIDENZ DES BÜRGERMEISTERS. IM SILK STOCKING DISTRICT DAGEGEN GIBT ES EINE REIHE VON ELITÄREN CLUBS, SYNAGOGEN, PRIVATSCHULEN, DIE ST. DAVID'S UNIVERSITY, AN DER JOHN F. KENNEDY STUDIERTE, UND KIRCHEN WIE DIE VON JOHN D. ROCKEFELLER UND DER GESAMTEN HIGH SOCIETY HÄUFIG BESUCHTE CENTRAL PRESBYTERIAN CHURCH. DAS IM WESTEN GELEGENE HARLEM IST URSPRÜNGLICH DAS VIERTEL DER AFROAMERIKANER UND DER SCHWARZEN MUSIK, DESSEN ZENTRUM DAS APOLLO THEATER BILDET. DORT FINDET MAN DIE VIELEN HISTORISCHEN JAZZLOKALE, WOCHENMÄRKTE UND GOSPELCHÖRE, DIE DAS VIERTEL BELEBEN. EAST HARLEM HINGEGEN IST VOR ALLEM

EINLEITUNG Die Stadt in der Stadt

VON SÜDAMERIKANISCHEN EINWANDERERN BEWOHNT UND DEMENTSPRECHEND EHER HISPANISCH UND LATEINAMERIKANISCH GEPRÄGT, WIE DAS EL MUSEO DEL BARRIO ZEIGT. MORNINGSIDE HEIGHTS UMFASST DIE GOTISCHE KATHEDRALE ST. JOHN THE DIVINE, DAS IMPOSANTE GENERAL GRANT NATIONAL MEMORIAL SOWIE DIE COLUMBIA UNIVERSITY, WÄHREND SICH DAS CLOISTERS MUSEUM (ZWEIGSTELLE DES METROPOLITAN MUSEUMS FÜR MITTELALTERLICHE KUNST) IN WASHINGTON HEIGHTS BEFINDET.

AUSSER MANHATTAN GIBT ES NOCH EINE WEITERE, EBENSO BUNTE WELT. BROOKLYN ENTWICKELT SICH ZU EINER NEUEN METROPOLE MIT SEHR INTERESSANTEN STADTVIERTELN, WIE DAS ELEGANTE BROOKLYN HEIGHTS, WO TRUMAN CAPOTE UND WALT WHITMAN GEWOHNT HABEN, WIE DAS DUMBO, MIT SEINEN GALERIEN UND KÜNSTLERATELIERS, ODER PARK SLOPE, EIN VIERTEL, DAS STOLZ AUF SEIN BROOKLYN MUSEUM OF ART IST UND VON SCHRIFTSTELLERN WIE PAUL AUSTER BEVORZUGT WIRD, DER IN EINEM TOWNHOUSE WENIGE SCHRITTE VOM PROSPECT PARK ENTFERNT WOHNT. AUSSERDEM WÄRE NOCH WILLIAMSBURG ZU NENNEN, IN DESSEN STRASSEN ES NEUE MODETRENDS UND KUNSTGALERIEN ZU

EINLEITUNG Die Stadt in der Stadt

ENTDECKEN GIBT, UND DAS GERN VON SCHAUSPIELERN UND FOTOMODELLEN AUFGESUCHT WIRD, SOWIE FORT GREEN, DAS MIT DER BROOKLYN ACADEMY OF MUSIC, AFRIKANISCHEN RESTAURANTS UND LIVEMUSIK-KNEIPEN ALS NEUES HARLEM GILT. CONEY ISLAND IST BERÜHMT FÜR SEINEN VERGNÜGUNGSPARK UND DIE RUSSISCHE EINWANDERERGEMEINDE, DIE DORT IMMER NOCH NAHE BRIGHTON BEACH LEBT. DER STADTTEIL QUEENS IST MIT DEM P.S. 1 CONTEMPORARY ART CENTER UND VERSCHIEDENEN ANDEREN MUSEEN EIN WICHTIGES KULTURZENTRUM UND ZUDEM EINE MULTIKULTURELLE WOHNGEGEND. DIE BRONX, DIE AN MANCHEN ECKEN IMMER NOCH GEFÄHRLICH IST, ERLEBT DANK DER DORT LEBENDEN HIP-HOP-MUSIKER UND EINER NEU ENTSTANDENEN KÜNSTLERGEMEINDE EINE ART WIEDERGEBURT. HIER FINDET MAN AUCH DEN BRONX ZOO, DEN BRONX BOTANICAL GARDEN, DAS LANDHAUS VON EDGAR ALLAN POE UND DIE ELEGANTE GEGEND VON RIVERDALE MIT DEM WAVE HILL, WO ROOSEVELT, TWAIN UND TOSCANINI LEBTEN. MIT EINEM FÄHRSCHIFF GELANGT MAN NACH STATEN ISLAND, WO NOCH ALTE KOLONIALHÄUSER STEHEN UND WOHIN DER LÄRM DER CITY NUR VON WEITEM DRINGT.

120 ● Ein chinesischer Drache in den Straßen von Chinatown während dem Chinesischen Neujahrsfest.

120–121 ● Die Feste in Chinatown sind so beliebt, dass es auf den Straßen nur so vor Menschen wimmelt, vor allem in der Zeit des Chinesischen Neujahrs.

NYC
& COMPANY
歡迎光臨華埠
LUNAR NEW YEAR
CELEBRATION
FEBRUARY 9 - MARCH 3
WWW.NYCVISIT.COM
YEAR OF THE HORSE
4700
Coca-Cola
98

移民入籍顧問中心
UNIVERSAL CULTURAL SERVICES
快相指模．中英翻譯．返回美証．速成拼音．實用英語
入籍移民．旅遊探親．綠卡護照．各類填表．地保公證
紐約淨宗學會
NEW YORK AMITABHA SOCIETY
佳人髮廊
UNISEX HAIR-DESIGN
指壓
新娘化粧
美之社美容中心
MEE WAN SKIN CARE IN
121 BOWERY 2nd FL TEL: 212-343-3888
水晶假甲
電眼睫毛
男仕髮型
紋眉
紋眼線
超級市場
121
TAN TIN HUNG SUPERMAR
SEAFOOD & MEAT
BOWERY SEAFOOD & MEATSUPER
信興超級市
EVER
TRINH' FARM CO
107 CHRYSTIE ST
NEW YORK 10002

122–123 • Chinatown wird immer größer und hat sich inzwischen schon auf einige Gegenden Little Italys ausgebreitet.

123 • Hier gibt es zahlreiche Lebensmittelläden und sogar chinesische Apotheken, die alternative Arzneien anbieten.

Eine Hochzeit in Chinatown. Tradition wird hier noch immer großgeschrieben, und viele der Einwohner sprechen noch immer ausschließlich Chinesisch.

PAY AT
MUNI-METER
TO PURCHASE
NYC PARKING CARD
VISIT OUR WEBSITE
http://www.nyc.gov/dot
OR CALL 311
CONWING
T-SHIRTS
SPECIALTY
TOWN CAR

126 • Chinesische Verzierungen prägen die Architektur ganz Chinatowns, wodurch eine äußerst stimmungsvolle Atmosphäre entsteht.

126–127 • Auf den Straßen von Chinatown sieht man hauptsächlich Asiaten. Man schätzt, dass in diesem Viertel bis zu 100 000 Chinesen leben, genaue Angaben sind jedoch schwierig.

紐約第一駕駛學校
華福旅行社
華福旅行社
302室
廣州駕駛學校
中美職業介紹所
ASIA EMPLOYMENT AGENCY
212-941-7417
大酒樓
来来駕駛學校
天天髮廊
商場 EZ MALL
FOO CHOW RESTAURANT
歡迎訂定全年酒席
ONE WAY

RISTORANTE
PUGLIA
RISTORANTE
Est. 1919
P
Puglia
Cappuccini

Eine Szene in Little Italy: Ein Gebäude, das in den Farben der italienischen Flagge angestrichen ist, wirbt für das beliebte Restaurant Puglia. Die ganze Gegend ist von italienischen Restaurants und Cafés geprägt.

Enliven
BEAUTY
SPA
212-274-8182
Paesano
MULBERRY STREET
NAPOLI
RISTORANTE
CAFFE
NAPOLI
Angelo's
La Nonna
Ristorante Italiano
ZAGAT

Während der Festa di San Gennaro sind alle Straßen Little Italys in den typischen Farben der italienischen Nationalflagge - Weiß, Rot und Grün – geschmückt. Auf den Straßen treten auch Künstler und Musiker auf und sorgen für ein ausgelassenes Folklorespektakel.

132 ● Der Gehsteig vor dem Ristorante Mela, einem der beliebtesten Restaurants Little Italys.

133 ● Das typische Restaurant Da Nico ist eine regelrechte Institution in Little Italy, es befindet sich in 164, Mulberry Street, einer der schönsten und touristischsten Straßen des Viertels.

Da Nico
SPECIALS
Insalata della Casa
Sauteed Portobello
Smoked Mozz Caprese
Chicken Palermo
Grilled Ribeye Steak
Veal Chop Martino
Red Snapper alla Nico
Seafood Ravioli
Fettuccine Maremonti
Lobster fra diavolo
164

Schinken, Salami und andere typische Wurstwaren hängen im Schaufenster einer Metzgerei in Little Italy.

AURICCHIO
C. DIPALO
MOZZARELLA
FORMAGGIO
prosciutto
PARMA
Galloni
nutel

136 • Nördlich von Little Italy liegt Nolita (North of Little Italy), eine Gegend, deren Straßen von zahlreichen Modeboutiquen gesäumt sind.

137 • Die Bäckerei Vesuvio ist ein sehr beliebter Treffpunkt in West Village. Italienische Restaurants, Konditoreien und Bäckereien finden sich auch in diesem Viertel, das ebenfalls eine hohe Anzahl italienischstämmiger Einwohner hat.

160 · VESUVIO BAKERY · 160
ITALIAN BREAD & BISCUITS
VESUVIO BAKERY
ZAGAT RATED
CAFE
Experienced Counter Help Wanted

BUONA SERA
BUONA SERA
RISTORANTE ITALIANO

138–139 • Ein „very British“ gekleideter Radfahrer nimmt am Tweed Run teil, der am Ralph Lauren Rugby Store in Greenwich Village beginnt.

139 • Typische Häuschen säumen die Straßen von Greenwich Village, wo die Zeit bisweilen wirklich stehen geblieben zu sein scheint.

Die Statue von General Philip Henry Sheridan, einem Helden des Bürgerkriegs, steht im Christopher Park in West Village.

GENERAL PHILIP HENRY
SHERIDAN

142 • Greenwich Village ist geprägt von ruhigen Straßen, die von alten Wohnhäusern gesäumt werden. Man scheint in eine andere Welt, fernab vom Stadtverkehr, eingetaucht zu sein.

142–143 • Häufig grünt und blüht es vor den Eingängen der Häuser, etwa in der Perry Street oder angrenzenden Straßen.

In der Hercules Fancy Grocery, 27, Morton Street, in Greenwich Village findet man Gastronomie-produkte, Obst und Gemüse, aber auch eine riesige Auswahl an Biersorten.

ERCULES FANCY GROCERY
27½ MORTON ST.
GROCERY STORE
(212) 929–6546
BUD LIGHT
OPEN
BROOKLYN
"Hercules Fancy Grocery"
FIRE LOGS
BEER HOLDER
COLD BEER
JEVER

146 • Dieses Bekleidungsgeschäft befindet sich zwischen den schmucken Häusern von Greenwich Village, wo viele Boutiquen von aufstrebenden oder bereits etablierten Modedesignern eröffnet wurden.

147 • Streetart wird in New York immer populärer. Was von den Behörden noch immer als Vandalismus abgestempelt wird, findet in vielen Stadtvierteln weite Verbreitung.

MMMM
THATS MY PINK HAT
ENJOY THE FUNK...
2006
KILL
D-MONEY
FIDO
HAPPY PUPS

148 • Diese Gebäude stehen in einer der belebtesten Gegenden des Meatpacking Districts, des früheren Schlachthofviertels. Das Gebiet, das früher aus Lagerhallen bestand, beherbergt heute trendige Restaurants und Lokale.

149 • Eine Brücke verbindet einige Gebäude des Meatpacking Districts, die komplett umgebaut wurden und nun Ateliers berühmter Künstler und Fotografen beherbergen, darunter auch das von Fabrizio Ferri, der in diesem Viertel sein „Hauptquartier" aufgeschlagen hat.

150 • Die vergoldete Figur des Puck blickt vom Puck Building herunter, einem der historischen Gebäude SoHos, das zwischen 1885 und 1886 errichtet wurde.

150–151 • Viele Häuser in SoHo sind von den charakteristischen Feuerleitern geprägt. In vielen alten Wohnhäusern stellen sie auch heute noch das sicherste Mittel dar, wenn man sich vor Gefahren in Sicherheit bringen möchte.

152–153 • Die Wohnungen in New York sind oft so winzig, dass man sich viel im Freien aufhält, etwa auf dieser gusseisernen Feuertreppe in SoHo.

154–155 • Dieses berühmte Graffito von Keith Haring befindet sich in der Houston Street, im aufstrebenden Viertel Bowery.

Diese Skulptur steht in SoHo und stellt Arbeiter auf einem Wolkenkratzer dar, die daran gewöhnt sind „in der Luft“ zu essen.

ACCESSORIES

SHAFT

Diese Häuser kennzeichnen die Prince Street in SoHo. In diesem Viertel befindet sich die größte Anzahl von Wohnhäusern, deren Fassade von Gusseisen geprägt ist.

BLUE RIBBON BAKERY
BRICK OVEN
BREADS

Die Blue Ribbon Bakery ist eine der hippsten Bäckereien in SoHo. Selbst Lebensmittelgeschäfte haben hier eine elegante, raffinierte Atmosphäre.

162–163 • Im Viertel Tribeca wurden in den letzten Jahren zahlreiche Bürogebäude errichtet, aber auch viele Luxuswohnungen.

163 • Das Restaurant Megu in der 62, Thomas Street in Tribeca bietet japanische Küche in hochmodernem Ambiente.

● Eine überdachte Brücke verbindet in Tribeca zwei Lofts. Das ganze Viertel ist berühmt für herrliche Lofts mit sehr hohen Decken.

ONE
DUANE ST

166 • Tribeca brüstet sich mit den höchsten Mietpreisen ganz Manhattans: Traditionelle Architektur verbindet sich hier harmonisch mit modernen Bauten.

167 • Dieses zeitgenössische Kunstwerk steht vor dem Bankenkonzern Citigroup in Lower Manhattan. Banken und andere große Konzerne erwerben häufig Kunstwerke, um ihre Innen- und Außenräume zu verschönern.

Harlem, ein Viertel, das einst für sehr gefährlich gehalten wurde, erlebt heute eine neue Blüte. Viele Geschäftsleute ziehen nämlich nun selbst in die Reihenhäuser, die sie ursprünglich als bloße Investitionen erworben hatten.

AMSTERDA

170–171 • Dieses Graffito in Harlem stellt das Leben des Viertels dar.

172–173 • Dieses Graffito befindet sich auf der Wand eines Gebäudes in einer sehr beliebten Gegend Harlems.

ALWAYS
HARLEM
ALWAYS REAL

TATS CRU

174–175 • Der Malcom X Boulevard in Harlem gehört zu den beliebtesten touristischen Straßen: Die Bürgersteige sind gesäumt von zahlreichen esoterischen Geschäften und Ständen, während an den Gebäuden oft große bunte Graffiti ins Auge fallen.

176–177 • Dieses Graffito, das ebenfalls in Harlem zu finden ist, illustriert die musikalische Tradition des Jazz. Das ganze Viertel, das gerade eine neue Blüte erfährt, ist außerdem berühmt für sonntägliche Gospelmessen und Soul Food.

1st CHURCH of
ILLUMINATION

178 • Eine Band tritt auf der Cadman Plaza in Brooklyn auf, einem Viertel, zu dem verglichen mit anderen Teilen New Yorks die meisten Wohnhäuser gehören.

179 • Vom River Cafè, das sich direkt unter der Brooklyn Bridge befindet, lässt sich die gesamte Skyline Manhattans bewundern. Das Restaurant in Brooklyn ist eines der romantischsten ganz New Yorks, deshalb werden dort viele Heiratsanträge gemacht.

ENGINE 205 H&
76

Dieses Graffito ziert das Zufahrtstor der Feuerwehrstation von Brooklyn Heights, einer der schönsten Gegenden Brooklyns.

182 ● Dieses Graffito wurde in der Nähe der Bedford Avenue angefertigt, im aufstrebenden und äußerst trendigen Viertel Williamsburg in Brooklyn.

182–183 ● Der Stadtbezirk Queens gehört mit seinem multiethnischen Geist und seinen noch immer erschwinglichen Mieten momentan zu den beliebtesten Vierteln New Yorks.

Student Artists

Cigarillos
Al Capone
...no comment
THE BEST WAY TO QUIT SMOKING!
BELMONT
AVE

Der Zigarrenladen Al Capone befindet sich im Little Italy der Bronx in der Nähe des Arthur Avenue Market, einer der lebhaftesten und schönsten Gegenden des ganzen Viertels.

Ein SCHMELZTIEGEL der KUNST

Der Eingang des Guggenheim Museums, ein Werk von Frank Lloyd Wright.
Das Museum wurde 1937 gegründet.

GENHEIM MUSE

EINLEITUNG Ein Schmelztiegel der Kunst

NEW YORK IST NORDAMERIKAS HAUPTSTADT DER KULTUR, DIE HIER IN EINER INTERNATIONALEN FORMENVIELFALT AUSDRUCK FINDET. DER BIG APPLE BIETET 150 MUSEEN, DEREN ZAHL STÄNDIG WEITER WÄCHST, UND MEHR ALS 400 KUNST-GALERIEN. ES GIBT DEN BROADWAY UND SEINE MUSICALS, DEN THEATER DISTRICT MIT SEINEN OPERNHÄUSERN UND SCHAU-SPIELHÄUSERN UND DEN VIELEN UNABHÄNGIGEN OFF-BROAD-WAY-THEATERHÄUSERN. DIE STADT BESITZT MEHRERE UNIVER-SITÄTEN, DARUNTER DIE COLUMBIA UNIVERSITY UND DIE NEW YORK UNIVERSITY. ZUDEM GIBT ES ZAHLREICHE KULTURZEN-TREN, BUCHLÄDEN UND BIBLIOTHEKEN, WIE DIE HERVOR-RAGENDE NEW YORK PUBLIC LIBRARY UND DIE MORGAN LIBRARY, UND ALTEHRWÜRDIGE PRIVATE CLUBS WIE DEN NA-TIONAL ARTS CLUB, DEN EXPLORERS CLUB UND DEN PLAYERS CLUB, WO ZWISCHEN EXZENTRISCHEN PERSÖNLICHKEITEN, KUNSTSAMMLERN, KÜNSTLERN UND WISSENSCHAFTLERN NOCH DIE ATMOSPHÄRE VERGANGENER ZEITEN ZU SPÜREN IST. KUNSTGALERIEN SCHIESSEN AUCH WEITERHIN WIE PILZE AUS DEM BODEN UND FINDEN SICH HEUTE NICHT NUR IN SOHO

EINLEITUNG Ein Schmelztiegel der Kunst

UND CHELSEA, SONDERN AUCH IN BROOKLYN, WILLIAMSBURG UND DUMBO, UND SIE SIND DABEI, WEITERE, NEUE GEBIETE ZU EROBERN, WIE LONG ISLAND UND QUEENS. SIE SETZEN TRENDS, WIE DIE SPERONE WESTWATER GALLERY VON NORMAN FOSTER, ODER DIE FORBES GALLERIES IM GEBÄUDE DER MACMILLAN PUBLISHING MIT DER PERSÖNLICHEN SAMMLUNG VON MALCOM FORBES. SIE ALLE BIETEN WECHSELNDE AUSSTELLUNGEN.

ES GIBT DIE GROSSEN KATHEDRALEN DER KULTUR, WIE DAS GUGGENHEIM MUSEUM, DAS METROPOLITAN MUSEUM OF ART, DAS VON YOSHIO TANIGUCHI NEU GESTALTETE UND NUN IN HYPERMODERNEM GLANZ ERSTRAHLENDE MUSEUM OF MODERN ART (MOMA) UND DAS WHITNEY MUSEUM OF AMERICAN ART, DAS AUS DER GALERIE DER KÜNSTLERIN UND MILLIARDÄRIN GERTRUDE VANDERBILT WHITNEY ENTSTAND. HINZU KOMMEN DIE NEUE GALERIE NEW YORK FÜR KUNST UND DESIGN AUS DEUTSCHLAND UND ÖSTERREICH, DIE NATIONAL ACADEMY OF DESIGN AND SCHOOL OF FINE ARTS, DIE 1825 MIT DEM ZIEL GEGRÜNDET WURDE, VON WIRTSCHAFTLICHEN

EINLEITUNG Ein Schmelztiegel der Kunst

ZWÄNGEN UNABHÄNGIGE KUNST ZU FÖRDERN, UND DAS GROSSARTIGE COOPER-HEWITT NATIONAL DESIGN MUSEUM.
DIE MUSEEN HABEN AUCH DIE ARCHITEKTONISCHE UND STÄDTEBAULICHE ENTWICKLUNG DER CITY MITBESTIMMT, WIE BEISPIELSWEISE DAS NEW MUSEUM, DAS SEINE FUTURISTISCHE FORM DEN JAPANISCHEN ARCHITEKTEN SEJIMA UND NISHIZAWA VERDANKT, DEN SPEZIALISTEN FÜR MODERNE UND GEGENWÄRTIGE KUNST, DIE MIT DIESEM WERK SOGAR ZUM WIEDERAUFBLÜHEN EINES GANZEN STADTVIERTELS, NÄMLICH DER BOWERY, BEIGETRAGEN HABEN. DIE UMGESTALTUNG UND ERWEITERUNG DES MUSEUM OF ARTS AND DESIGN (MAD) NACH EINEM ENTWURF DES ARCHITEKTURBÜROS ALLIED WORKS ARCHITECTURE ALS DEBÜT DES ARCHITEKTEN BRAD CLOEPFIL HAT DEM COLUMBUS CIRCLE EIN FUTURISTISCHES AUSSEHEN VERLIEHEN. DER BAU ÖFFNET SICH DRAMATISCH ZUR VORDERSEITE UND FÜLLT SO EINERSEITS DEN KOMPLEX MIT NATÜRLICHEM LICHT UND BIETET ANDERERSEITS AUCH EINEN WUNDERSCHÖNEN BLICK AUF DEN CENTRAL PARK. DAS ROSE CENTER FOR EARTH AND SPACE IST EIN GIGANTISCHER

EINLEITUNG Ein Schmelztiegel der Kunst

UND MODERNER GLASKUBUS MIT PLANETARIUM, DER DAS KLASSISCHE PROFIL DES AMERICAN MUSEUM OF NATURAL HISTORY, EINES DER GRÖSSTEN NATURKUNDEMUSEEN UND BERÜHMT FÜR SEINE RIESIGEN DINOSAURIERSKELETTE, VÖLLIG VERÄNDERT HAT. DES WEITEREN GIBT ES AUF BESTIMMTE BEREICHE SPEZIALISIERTE MUSEEN, WIE DAS NATIONAL MUSEUM OF THE AMERICAN INDIAN, DAS IN EINEM HERRLICHEN GEBÄUDE AUS DEM JAHR 1907 DIE SAMMLUNG ZU AMERIKANISCHEN UREINWOHNERN VON GEORGE GUSTAV HEYE ZEIGT, DAS U.S. CUSTOM HOUSE, DAS MUSEUM OF JEWISH HERITAGE FÜR JÜDISCHE KUNST UND KULTUR, DAS AMERICAN FOLK ART MUSEUM FÜR MODERNE UND TRADITIONELLE VOLKSKUNST UND DAS ASIA SOCIETY & MUSEUM MIT EINER ASIATISCHEN SAMMLUNG VON JOHN D. ROCKEFELLER III. DAS INTERNATIONAL CENTER OF PHOTOGRAPHY DIENT HINGEGEN ALS DREH- UND ANGELPUNKT DER INTERNATIONALEN KUNST DER FOTOGRAFIE. UM MEHR ÜBER DIE WURZELN NEW YORKS ZU ERFAHREN, MUSS MAN JEDOCH WEIT IN DIE GESCHICHTE ZURÜCK GEHEN. INTERESSANTE MUSEEN MIT EINEM BEZUG

EINLEITUNG Ein Schmelztiegel der Kunst

ZUR STADTGESCHICHTE SIND DAS NEW YORK HISTORICAL SOCIETY, DAS KUNSTMUSEUM THE FRICK COLLECTION, WO AUSSER KUNSTWERKEN INTERNATIONALER MEISTER AUCH DAS SCHLAFZIMMER DER FRAU FRICK ZU SEHEN IST, DAS MUSEUM OF THE CITY OF NEW YORK ODER DAS SOUTH SEAPORT MUSEUM. LETZTERES DOKUMENTIERT DIE HAFENGESCHICHTE UND ERZÄHLT VON ABENTEUERN DER ALTEN SEEFAHRER UND HISTORISCHEN SCHIFFEN, WIE DER PEKING, WAVERTREE, PIONEER UND AMBROSE, DIE NOCH IMMER AN DEN PIEREN VOR ANKER LIEGEN. NEW YORK IST ZUDEM DIE HAUPTSTADT DER MUSIK, DES JAZZ, DES ROCK, DES BLUES SOWIE VERSCHIEDENER ANDERER MUSIKRICHTUNGEN, UND ZUGLEICH DIE HAUPTSTADT DES TANZES, WAS DIE MUSIKCLUBS VON HARLEM UND GROSSE INSTITUTIONEN, WIE DAS LINCOLN CENTER UND DIE CARNAGIE HALL, ZEIGEN.

● Die Rotunda bildet das Zentrum des U.S. Customhouse, in dem sich das Museum of the American Indian befindet.

194 • Das Metropolitan Museum of Art, das oft mit seinem Spitznamen „The Met" tituliert wird, gehört zu den größten und bedeutendsten Museen der Welt.

194–195 • Die Dauerausstellung des Met umfasst mehr als zwei Millionen Kunstwerke, die in 19 Bereiche unterteilt sind. Hier werden auch Führungen für Kinder und Schulklassen angeboten.

196–197 • Zur Dauerausstellung des Met gehören Werke aus der klassischen Antike und dem Alten Ägypten, Gemälde und Skulpturen von praktisch allen großen europäischen Meistern und eine riesige Sammlung US-amerikanischer und moderner Kunst.

197 • Das Met besitzt eine Sammlung aus über 35 000 Werken griechischer und römischer Kunst, darüber hinaus eine beträchtliche Anzahl afrikanischer, asiatischer, ozeanischer, byzantinischer und islamischer Kunstwerke.

198 • Die Sammlung ägyptischer Kunst im Met umfasst 36.000 Objekte. Sie deckt eine Zeitspanne ab, die von der Altsteinzeit bis zur Zeit der römischen Herrschaft reicht.

199 • Den großen Tempel von Dendur schenkte die ägyptische Regierung 1965 den Vereinigten Staaten, 1978 wurde er im Sackler-Flügel des Museums aufgebaut. Heute ist der Tempel einer der Hauptattraktionen des Museums.

Auf der großen Glaswand des Metropolitan Museum of Art spiegeln sich einige Wohnblocks der Upper East Side.

Das Museum of Modern Art (MoMA), das sich in Midtown befindet, wurde von dem japanischen Architekten Yoshio Taniguchi unter Verwendung von sehr viel Glas umgestaltet und renoviert.

MoMA

Im Garten des MoMA sind verschiedene Skulpturen, Installationen und moderne Kunstwerke zu besichtigen.

206 und 206–207 • Die Sammlung des Museums bietet einen unglaublichen Einblick in die Gesamtheit der internationalen modernen und zeitgenössischen Kunst.

208–209 • Das MoMA beherbergt architektonische Entwürfe und Designobjekte, Gemälde, Skulpturen, Fotografien, Siebdrucke, Illustrationen, Filme und multimediale Werke.

BSTRACT
EXPRESSIO
ORK

39766
U.S. AIR F

210 • Durch den Umbau des MoMA wurde die Ausstellungsfläche praktisch verdoppelt, fast 58.000 m² kamen hinzu.

210–211 • In einem der Säle des MoMA hängt das Picasso-Gemälde „Les Demoiselles d'Avignon".

Das Guggenheim Museum liegt in der 5th Avenue. Der gesamte Straßenabschnitt, der zum Central Park führt, wird als Museumsmeile bezeichnet, weil sich dort zahlreiche Museen befinden.

SOLOMON R GUGGENHEIM MUSEU

Der Innenraum des Guggenheim besteht aus einer Ausstellungsgalerie in Form einer sanften Spirale, die vom Erdgeschoss bis in den obersten Teil des Gebäudes ansteigt. Die Gemälde hängen an den Wänden der Spirale und in einigen Räumen, die sich entlang des Rundgangs befinden.

● Diese unglaubliche Installation erschuf der italienische Künstler Maurizio Cattelan im Jahr 2011.

218–219 • Im Dinosaurier-Saal des American Museum of Natural History sind riesige Skelette ausgestellt. Sie bilden eine der Hauptattraktionen für Groß und Klein.

219 • Das American Museum of Natural History gehört zu den weltweit bedeutendsten Museen für Wissenschaft und Naturkunde.

220 • In der Hall of Ocean Life des American Museum of Natural History hängt das lebensgroße Modell eines Blauwals an der Decke.

221 • Die Kugel des Rose Center for Earth and Space ist abends beleuchtet, wodurch ein spektakulärer Effekt entsteht. Das Zentrum ist Teil des American Museum of Natural History und umfasst das Planetarium.

222–223 • Der älteste Teil der Morgan Library geht auf das Jahr 1902 zurück und wurde vom Architekturbüro McKim, Mead and White entworfen. Die Bibliothek beherbergt seltene Manuskripte, Drucke und Bücher, die zu den kostbarsten der Welt gehören.

223 • Die Pierpont Morgan Library wurde von dem Architekten Renzo Piano um diesen neuen Flügel erweitert.

Die New York Public Library ist die drittgrößte Bibliothek Nordamerikas und eine der wichtigsten der Welt.

226 • Im American Folk Art Museum in der Park Avenue werden zahlreiche Ausstellungen organisiert, etwa die Schau „Infinite Variety: Three Centuries of Red and White Quilts".

227 • Besucher der Ausstellung „Infinite Variety", die im März 2011 während der Kunstmesse Armory Show, einem der wichtigsten New Yorker Events, präsentiert wurde.

228–229 • Das Lincoln Center for the Performing Arts besteht aus einem Komplex aus Gebäuden, Kinos und Theatern, in dem zwölf kulturelle Organisationen untergebracht sind.

Der große Saal der Metropolitan Opera, in dem lyrische Opern aufgeführt werden, befindet sich im Lincoln Center.

232 • Im Museum of Arts and Design, das sich am Columbus Circle befindet, kann man dieses Kunstwerk von Andreas Kocks bewundern.

233 • Die Architektur des Museum of Arts and Design hat dazu beigetragen, das Gesicht des Columbus Circle zu verändern.

CARSTEN

234 – 235 • Besucher spazieren durch die Installationen der Ausstellung „Carsten Holler: Experience", die im Dezember 2011 im New Museum gezeigt wurde.

235 • Das New Museum of Contemporary Art präsentiert zeitgenössische Kunst aus aller Welt.

236–237 • Das 1997 eröffnete Museum of Jewish Heritage, das jüdische Museum, ist den Opfern des Holocaust gewidmet.

237 • Auf dieser Panoramaansicht von oben ist das Museum of Jewish Heritage zu sehen, das sich im Battery Park befindet. Das von Roche-Dinkeloo entworfene Gebäude ist von einer Pyramiedenstruktur bedeckt, die den Titel „The Living Memorial to the Holocaust" trägt.

238 • Das Brooklyn Museum ist das zweitwichtigste Kunstmuseum New Yorks und gehört zu den größten der USA.

238–239 • Der Eingang des Brooklyn Museum mit dem großen Vorplatz. Viele Schulausflüge führen hierher.

Elizabeth A. Sackler Center for Feminist Art
Brooklyn Museum
MURAKAMI
SOPHOCLES
PERICLES

MILLEN
SOON
GALLERY

Eine Straße in SoHo: Hier wimmelt es nur so von unterschiedlichsten Galerien moderner und zeitgenössischer Kunst und von Designstudios.

242 • Eine der hippsten Straßen SoHos, gesäumt von Boutiquen und Galerien. Prince Street, Spring Street, Mercer Street, Greene Street und Broome Street gehören hier zu den angesagtesten Straßen.

242–243 • In einem Geschäft für Einrichtung und Design in der Broome Street.

Das große Geschäft der Mosaikfirma SICIS dient gleichzeitig als Atelier. Die hier ausgestellten Mosaike sind wahre Kunstwerke, wie etwa diese von den 1960er-Jahren inspirierten Mädchenporträts.

246 • Die Mimi Ferzt Gallery in der Greene Street in SoHo zeigt zeitgenössische Kunst aus Russland.

246–247 • Die Räume der Galerie Deitchprojects in der Wooster Street mit den Werken der „Os Gêmeos" genannten brasilianischen Künstler Gustavo und Otavio Pandolfo.

Ein MOSAIK aus GESICHTERN

- Von der Freiheitsstatue inspirierte Straßenkünstler und Touristen posieren im Battery Park.

EINLEITUNG Ein Mosaik aus Gesichtern

NEW YORK UND SEINE MENSCHEN. ANGELSACHSEN UND CHINESEN, ITALIENER UND JAPANER, INDER UND MALAIEN, AFRO-AMERIKANER UND FRANZOSEN, JUDEN UND KOLUMBIANER, RUSSEN UND BRASILIANER, JAMAIKANER UND SPANIER, HAITIANER ... SÄMTLICHE NATIONALITÄTEN UND HAUTFARBEN DER WELT SIND HIER VERTRETEN (MEHR ALS 8 MILLIONEN EINWOHNER ALLEIN IN NEW YORK CITY, 2030 WIRD VORAUSSICHTLICH DIE 9,5-MILLIONENMARKE ERREICHT). EIN UNGLAUBLICHER SCHMELZTIEGEL DER KULTUREN, RELIGIONEN, TRADITIONEN UND BRÄUCHE: DAS IST ES, WAS DEN BIG APPLE WIRKLICH AUSMACHT. JEDER, DER HIERHER KOMMT, FÜHLT SICH SOFORT ALS NEW YORKER, WEIL ES GENÜGT, HIER ZU LEBEN, UM EINER ZU SEIN. DER JUNGE MANN AUS DEM MITTLEREN WESTEN DER USA, DER GERADE DIE UNIVERSITÄT ABGESCHLOSSEN HAT UND AN DIE WALL STREET KOMMT, UM IM FINANZSEKTOR ZU ARBEITEN, IST NEW YORKER, DAS ARGENTINISCHE FOTOMODELL, DAS SICH AUF EIN FOTOSHOOTING IN EINER STRASSE VON SOHO VORBEREITET, IST NEW YORKERIN UND DER CHINESE, DER EINEN GEWÜRZLADEN BETREIBT, FÜHLT SICH GENAUSO ALS NEW YORKER WIE DER JAPANER, DER GERADE SUSHI AM TRESEN EINES ANGESAGTEN RESTAURANTS

EINLEITUNG Ein Mosaik aus Gesichtern

ZUBEREITET. DER PUERTORICANER, DER ALS LAUFBURSCHE ARBEITET UND IN EAST HARLEM WOHNT, DER MEXIKANER, DER ALS DOORMAN IN EINEM ELEGANTEN WOHNGEBÄUDE DER UPPER EAST SIDE ANGESTELLT IST, DER EUROPÄER, DER IN EINER KUNSTGALERIE IN WILLIAMSBURG TÄTIG IST, DER BERÜHMTE DEUTSCHE ARCHITEKT, DER EINEN NEUEN WOLKENKRATZER IN MIDTOWN ENTWIRFT, DER KINOSTAR, DER MANHATTAN ALS WOHNORT GEWÄHLT HAT, WEIL DIES DER EINZIGE ORT AUF DER WELT IST, WO IHN NIEMAND BELÄSTIGT... SIE ALLE SIND NEW YORKER.

NEW YORK, DAS SIND SEINE EINWOHNER, EGAL OB ALTEINGESESSENE ODER ZUGEZOGENE, DIE DER STADT SCHON IMMER IHRE LEBENSKRAFT VERLIEHEN HABEN. NEW YORK, DAS SIND SEINE STRASSEN, WEIL DIE LEUTE SICH DORT TREFFEN UND FORTBEWEGEN, WEIL SICH DORT DIE SEELE DER STADT WIDERSPIEGELT – AUF DEN BÜRGERSTEIGEN, IM STRASSENGETÜMMEL, AN DEN STRASSENECKEN DER WOHNVIERTEL SOWIE VOR DEN SCHAUFENSTERN DER FEINKOSTLÄDEN, IN DENEN PAKISTANER UND INDER ARBEITEN, CHINESEN BLUMEN VERKAUFEN, UND DURCH DIE MAN IN DIE RESTAURANTS UND DINERS SIEHT; DORT, WO DER STÄDTISCHE ALLTAG ENTSTEHT, DER

EINLEITUNG Ein Mosaik aus Gesichtern

AUS NEW YORK EINE BUNTE MISCHUNG AUS MIKROKOSMEN MACHT. AUCH DIE STREETS UND AVENUES HABEN VERSCHIEDENE PERSÖNLICHKEITEN: DIE FIFTH AVENUE MIT IHREN EXKLUSIVEN GESCHÄFTEN UND TOURISTENATTRAKTIONEN, DIE MADISON AVENUE MIT IHREN ELEGANTEN BOUTIQUEN, DER BROADWAY, DER SICH WIE EINE LEBENSADER UNTER FREIEM HIMMEL DURCH VERSCHIEDENE STADTVIERTEL UND IHRE GANZ EIGENEN IDENTITÄTEN ZIEHT; DIE 42ND STREET, DIE IN VIELEN FILMEN DARGESTELLT WURDE, EINIGE DER HAUPTATTRAKTIONEN BIETET UND SICH VOM HUDSON RIVER ÜBER DEN TIMES SQUARE, DEN BRYANT PARK, DEN GRAND CENTRAL BIS HIN ZUM EAST RIVER UND ZUM GLASGEBÄUDE DER VEREINTEN NATIONEN ERSTRECKT, WO SICH DIE VERSCHIEDENEN VOLKSGRUPPEN WIDERSPIEGELN. AUSSERDEM IST DA DIE BLEECKER STREET MIT IHREN GESCHÄFTEN, BÜCHERLÄDEN, CAFÉS UND KLEINEN RESTAURANTS, DIE TEIL DER SPEZIELLEN WELT VON GREENWICH VILLAGE SIND, DIE CANAL STREET MIT IHREN VERKAUFSSTÄNDEN FÜR GEFÄLSCHTE WARE UND DEN CHINESEN, DIE ÜBER DIE STRASSE SCHREIEN, UM DIE LEUTE ZUM KAUF ZU ANIMIEREN. DIE COLUMBUS AVENUE MIT IHREN CAFÉS EUROPÄISCHER ART IST EIN SYMBOL DER ÜBERSCHWÄNG-

EINLEITUNG Ein Mosaik aus Gesichtern

LICHEN LEBENSART DER UPPER WEST SIDE, DER ST. MARK'S PLACE IM EAST VILLAGE WIRD VON ROCKMUSIKERN BEVORZUGT UND BIETET EINEN MISCHMASCH AN RESTAURANTS UND GESCHÄFTEN, WODURCH VIEL TRUBEL HERRSCHT. DANN NATÜRLICH DER CENTRAL PARK WEST, WO VIELE BERÜHMTE PERSÖNLICHKEITEN IN ELEGANTEN EIGENTUMSHÄUSERN UND HISTORISCHEN GEBÄUDEN WOHNEN, DARUNTER DAS DAKOTA BUILDING, WO JOHN LENNON ERMORDET WURDE. IN NEW YORK OFFENBART SICH DIE GANZE WELT IN EINER EINZIGEN STRASSE!

NEW YORK, DAS IST DIE NACHT, DIE VON IHREN MENSCHEN LEBT UND IN DEN FARBEN TAUSENDER LICHTER PULSIERT. DAS NACHTLEBEN IN DER „STADT, DIE NIEMALS SCHLÄFT", WIRD BESTIMMT VON DEN LOKALEN DES MEATPACKING DISTRICT, DEN BARS VON MIDTOWN, DEN PUBS UND DIVE BARS DES EAST VILLAGE UND DER LOWER EAST SIDE SOWIE DEN RESTAURANTS UND LIVEMUSIKKNEIPEN DES WEST VILLAGE BIS HIN ZU DEN FEINEREN BARS VON SOHO UND TRIBECA. IN ALLEN STRASSEN VIBRIERT DAS LEBEN BIS IN DIE FRÜHEN MORGENSTUNDEN VOR DER EINDRUCKSVOLLEN KULISSE DER IN ALLEN FARBEN LEUCHTENDEN SKYLINE.

254 • An der Wall Street versucht ein Manager, ein Taxi auf der Straße anzuhalten. Die Taxis sind frei, wenn das Licht auf dem Dach leuchtet.

255 • Zwei in eine Diskussion verstrickte Anwälte vor dem New York Supreme Court. New York gehört weltweit zu den Städten mit der höchsten Anzahl an Anwälten.

• Feuerwehrleute bei einer Pause am Times Square. Seit dem 11. September 2001 gelten die Feuerwehrleute als die wahren Helden New Yorks.

DAVE AND
D&B
Eat
Drink
Play
GHBORHOOD GRILL & BAR
F.D.N.Y.
Applebee's
Neighborhood
Grill & Bar
Applebee's
Neighborhood
Grill & Bar
Applebee's

Vor dem Friedhof der Trinitiy Church in der Nähe der Wall Street lässt sich ein Manager die Schuhe putzen. Überall an dieser Straße findet man Schuhputzer aus aller Herren Länder.

260 • Auch die Delikatessenläden sind hier 24 Stunden pro Tag geöffnet.

261 • Dieser Hotdog-Verkäufer hat sich für seine Geschäfte Downtown ausgesucht, aber diese Art von Ständen findet sich in praktisch allen Straßen New Yorks.

duane
OPEN
24
HOURS
SABRETT
U.S. GOV'T INSPECTED
WE'RE ON A ROLL !!!
SABRETT
Hot Dog
Hot Sausage
Hot Pretzel
COLD
Soda, Water & Snapple
PEPSI
SABRETT
Big Apple Pretzels
SAUSAGE
SABRETT
Hot Dog
Sausage
Hot Pretzel
Hot Dog
Sausage
Hot Pretzel
COLD
Soda, Water & Snapple

MEGA
BUBBLES
GUN

Ein Seifenblasen-
verkäufer in Midtown.
New York ist die Stadt
der Geschäfte, und
viele Menschen suchen
ihr Glück auf der Straße,
indem sie mit
verschiedenen
Waren handeln.

Am Times Square tritt ein Jongleur vor einem Publikum auf, das es sich auf den Sitzgelegenheiten der Fußgängerzone bequem gemacht hat.

SAMSUNG
SHERWOOD
Coca-Cola
Are you happy
new Broadway?
Text LOVE IT or HAT
35620
SHREK THE MUSICAL
TNT
WE KNOW DRAMA
DARK SECRETS
JULY
BEST MUSICAL
2009 TONY
onight belongs to
NTOM

266 • Ein Künstler malt ein Bild, auf dem einige Wolkenkratzer in der Gegend des Finanzzentrums zu sehen sind.

267 • In SoHo verkauft ein Handwerker und Künstler seine Produkte und Kreationen auf dem Gehweg einer Straße.

268–269 • Die modebewusstesten und elegantesten Stadtbewohner verkehren im Restaurant Félix, einem der momentan trendigsten Treffpunkte SoHos.

THE SINGER MANUFACTURING COMPAN
EXIT
MANGO
88

Restaurant

élix Bar

270 • Italienische Eisdielen sind in New York sehr beliebt, wie etwa die auf dem Foto abgebildete, die den einladenden Namen „Dolce Vizio Tiramisù" trägt.

270–271 • Die Eisverkäufer im „Dolce Vizio Tiramisù" spähen über die Theke, in der verschiedene Eissorten angepriesen werden.

Citrus Sauce
Amaretti
Mixed Nuts
Dark Chocolate
Dried Pineapple
Strawberries
Pistachios
Granola
Dried Coconut
Apricots

272 • Starbucks gibt es in New York sehr oft, und die New Yorker lieben es – nicht zuletzt weil die Cafés ideale Treffpunkte abgeben.

272–273 • In einem Starbucks-Café bereitet ein Mann Kaffee zu. Man bezahlt an der Kasse und stellt sich dann an, um das gewählte Getränk abzuholen.

ESPRESSO
FRAPPUCCINO
TEA & MORE
ANNIVERSARY BLEND

Auf einer Straße in der Bronx suchen ein paar Jungs Abkühlung und Spaß im Wasserstrahl eines Hydranten.

NO

• Die Kutschen im Central Park sind bei romantisch veranlagten Touristen und New Yorkern gleichermaßen beliebt. Viele Kutschen stehen in der Nähe des Plaza-Hotels am Park.

• Im bezaubernden
Washington Square Park
in Greenwich Village spielt
und improvisiert eine
Schauspielerin und
Straßenkünstlerin
vor Kindern.

280 • Der Vanderbilt Playground im Prospect Park, der als der Central Park Brooklyns betrachtet wird. Um ihn herum liegen Wohnviertel, die bei Familien sehr beliebt sind.

281 • Drei Reiterinnen durchqueren den Prospect Park in Brooklyn, wo dieser Sport viel ausgeübt wird.

MALOOFMONEYCUP.COM
VANS "OFF THE WALL"

Der Skateboard-Profi Brandon Westgate tritt für den Maloof Money Cup 2011 an, der im Flushing-Meadows-Park in Queens stattfindet. Dabei handelt es sich um einen der populärsten Wettkämpfe in dieser Sportart, die besonders von den jugendlichen New Yorkern geliebt wird.

Schaulustige haben sich versammelt, um einem der vielen Breakdance-Künstler im Central Park zuzusehen. Manchmal stößt man hier auf regelrecht durchchoreografierte Aufführungen.

286–287 • Eine Joggerin läuft über die Brooklyn Bridge, eine der beliebtesten Strecken bei den Fans dieser Sportart.

287 • Das Jacqueline Kennedy Onassis Reservoir, wo sich die Wohnblocks der Upper West Side im Wasser spiegeln, gehört zu den bevorzugten Joggingstrecken der New Yorker. Hier wurden sehr viele Filme gedreht, unter anderem „Der Marathon-Mann“ mit Dustin Hoffman.

288 • Skateboard-Fans sind in allen Stadtvierteln weit verbreitet.

288–289 • An der Brooklyn Bridge dehnt ein New Yorker nach einem langen Lauf über den Fluss seine Muskeln.

290 • Der New York City Marathon, der jährlich stattfindende 42,195-Meter-Lauf, schlängelt sich durch alle fünf New Yorker Distrikte.

290–291 • Die Teilnehmer des Marathons drängen sich auf der Queensboro Bridge, die nach Manhattan führt.

292–293 • Ordnung und Strenge herrschen auf der Parade zum St. Patrick's Day.

• Viele verkleiden sich für den Umzug am St. Patrick's Day, der von den New Yorker Iren gefeiert wird. An diesem Tag, dem 17. März, dominiert überall die Farbe Grün.

296 und 296–297 • An gefärbten Haaren, Perücken und Brillen mangelt es auf den Straßen New Yorks am St. Patrick's Day nicht. An diesem Tag wird in den Pubs und auf den Straßen bis spät in die Nacht gefeiert.

298–299 • Transvestiten und Verkleidete ziehen während der Gay Pride Parade durch die Straßen.

IMPERIAL COURT
of NEW YORK
EMPEROR XIX JACK
EMPRESS XXIV

Imperial Court of
NEW YOR
Moans

300–301 • Die Mexican Parade auf der Madison Avenue ist eine regelrechte Explosion der Farben.

301 • Eine folkloristische Gestalt tanzt hier während der Mexican Parade auf der Straße.

302 • Alljährlich findet die Thanksgiving Day Parade statt, die vom Kaufhaus Macy's organisiert wird.

302–303 • Während der Parade werden extravagant geformte Ballons durch die Straßen der Stadt gezogen, wie etwa hier ein Ballon in Gestalt von Shrek.

CÎROC
PALACE
McDonald's
Restaurant
GEORGE ABBOTT
W 45 St
ONE WAY

304 • Eine Momentaufnahme am Central Park während der Thanksgiving Parade: Ein Wagen mit einem fröhlichen Truthahn.

305 • Ein Mädchen winkt während der Thanksgiving Parade von einem Festwagen. Der Umzug gehört zu den beliebtesten Events kleiner und großer New Yorker.

306 • Ein Ballon in Form von Spiderman auf der New Yorker Thanksgiving Parade, die jedes Jahr mit neuen Figuren aufwartet.

306–307 • Während der beliebten Thanksgiving Parade schwebt ein riesiger Kung Fu Panda über den Menschen auf den überfüllten Straßen New Yorks.

UNG
BONO & THE EDGE
SEOUL
UNESCO CITY OF DESIGN
MUTE BE ON IT?
McDonald's
swatch
NEVADA

Die FARBEN des „BIG APPLE“

• Selbst Woody Allen ist der Meinung, dass der New Yorker Frühling mit einer ganz besonderen Energie und einer sehr romantischen Atmosphäre erwacht - vor allem im Central Park, wo sich die blühenden Bäume im Wasser der Seen und Teiche widerspiegeln.

EINLEITUNG Die Farben des „Big Apple“

NEW YORK IST AUCH DIE STADT DER JAHRESZEITEN, IN DER SICH ZAUBERHAFTE FARBSCHAUSPIELE JEDES JAHR PÜNKTLICH WIEDERHOLEN. DER WINTER IST DIE ZEIT DES BLUES, WENN DIE BÄUME IHRE BLÄTTER VERLIEREN UND IHRE NACKTEN ÄSTE IN DEN HIMMEL RECKEN, WENN DER SCHNEE KOMMT UND MIT IHM DIE SCHNEESTÜRME, DIE ZUERST DURCH DIE STADT FEGEN UND SIE DANN IN EINEN WEISSEN MANTEL HÜLLEN, DIE GERÄUSCHE DER STADT DÄMPFT UND BEWEGUNGEN ZU VERLANGSAMEN SCHEINT. DER FRÜHLING LÄSST TULPEN UND VIELE ANDERE BLUMEN AUF DEN GRÜNFLÄCHEN ERBLÜHEN. NEBEN DER FLORALEN FARBENVIELFALT ZEIGT SICH AUCH DAS GRÜN DER STADT IN ALLEN SCHATTIERUNGEN. DANN ERBLÜHEN AUCH DIE BÄUME WIEDER, DIE WEGE WERDEN BELEBTER UND DER CENTRAL PARK WIRD DURCH KIRSCHBLÜTEN, DEREN BLÜTENBLÄTTER AUF PARKBESUCHER FALLEN UND WIE VOM WIND GETRAGENE KONFETTI-WOLKEN WIRKEN, WEISS GEFÄRBT. DER SOMMER

EINLEITUNG Die Farben des „Big Apple“

IST IN DER STADT, WENN CAFÈS UND RESTAURANTS IHRE TISCHE NACH DRAUSSEN AUF DEN GEHSTEIG STELLEN UND MENSCHEN SICH IN DEN PARKS AUFHALTEN, UM SICH ZU SONNEN, EIN BUCH ZU LESEN ODER PICKNICK ZU MACHEN. AUF DEN DACHTERRASSEN GENIEßEN DIE NEW YOEKER DIE WARMEN SOMMERABENDE UND VERANSTALTEN COCKTAILPARTIES. DER HERBST BRINGT DEN „INDIAN SUMMER“, DER DIE CITY IN ROTE, GELBE, ORANGEFARBENE UND BRAUNE TÖNE EINTAUCHT, DIE SICH IN DEN PFÜTZEN UND PARKSEEN WIEDERSPIEGELN. KURZ DARAUF FOLGT HALLOWEEN UND DIE NEW YORKER (SELBST DIE HUNDE) VERKLEIDEN UND MASKIEREN SICH, UM AN DER PARADE IN GREENWICH VILLAGE TEILZUNEHMEN, WÄHREND AUSGEHÖHLTE KÜRBISSE UND SPINNENNETZE DIE STUFEN DER HÄUSER UND DIE SCHAUFENSTER DER KAUFHÄUSER, WIE Z.B. ENTLANG DER BLEECKER STREET UND IN DEN GASSEN DER TOWNHOUSES VON WEST VILLAGE, SCHMÜCKEN.

I ♥ NY®

Ein Fußgänger unter einem Schirm: Im Herbst und im Winter sind Regentage in New York nichts Ungewöhnliches.

• Eine nebel-
verhangene Ansicht
von Downtown. Nebel
ist typisch für den
New Yorker Winter.

Hotel
the Consulate
EROTI
LOVER
BLOND

316 • Auf der schneebedeckten Straße hält ein Schulbus an, um die Schüler einsteigen zu lassen.

317 • Wenn in New York, vor allem in Midtown, Schnee fällt, gibt es weniger Verkehr, wie man hier sieht. Im Hintergrund ist der Bahnhof Grand Central zu erkennen.

ONE WAY
30

318 • Ein New Yorker macht sich nach starkem Schneefall mit Eimer und Schneeschaufel daran, die Straße zu räumen.

318–319 • Ein Mädchen beschließt, dem hohen Schnee, der soeben gefallen ist, mit Skiern zu trotzen. Im Central Park machen viele New Yorker Langlauf.

NO

Die von Bäumen gesäumten Straßen der Stadt sind besonders romantisch, wenn es schneit. Die Atmosphäre wird dadurch so bezaubernd, dass sie Erinnerungen an vergangene Zeiten weckt.

322 • Einige der Bänke im Central Park sind fast ganz unter einer weißen Decke verschwunden.

322–323 • Die eleganten Wohnblocks im Central Park West und der Upper West Side stehen wie Schemen am Central Park, der unter einer Decke aus Eis und Schnee liegt.

Der berühmte Literary Walk im Central Park wird durch den Schnee noch eindrucksvoller und romantischer.

• Im Winter verwandelt sich der Central Park in eine magische weiße Welt und seine Seen frieren komplett zu.

328 • Bezaubernde Szene im winterlichen Central Park: In der ersten Abenddämmerung geht eine Laterne an.

328–329 • Eine romantische kleine Brücke, die an einem Teich liegt, der noch nicht vollständig zugefroren ist.

330–331 • Die berühmte Schlittschuhbahn auf „The Pond" ist eingerahmt von den Bäumen des Central Parks und den eleganten Wohnblocks der Upper West Side.

332 • Das Flatiron Building steht am schneebedeckten Madison Square Park.

333 • Auch auf der Brooklyn Bridge, die von Manhattan nach Brooklyn führt, wird im Winter Langlauf praktiziert.

Eine Schlittschuhläuferin vor der vergoldeten Prometheus-Statue am Rockefeller Center.

Ein bezaubernder Ausschnitt des Central Parks im Frühling, wenn der Park grün wird und sich mit Farben füllt.

Blühende Bäume an einem Springbrunnen im Central Park: Ein Augenblick zauberhafter Romantik.

340 • Das von Seerosen bedeckte Becken prägt den Brooklyn Botanical Garden, der im Frühling immer farbenfroher wird.

341 • Einen sehr romantischen Ort bilden der Teich und der japanische Garten im Brooklyn Botanical Garden.

342–343 • Eine japanische Familie bewundert die blühenden Kirschbäume im Brooklyn Botanical Garden.

344–345 • Ein blühender Kirschbaum am See des Central Parks, im Hintergrund die Wohngebäude von Central Park West und der Upper West Side. Hierher kommen die New Yorker, wenn sie ein Picknick machen wollen.

air show

346 • Im Frühling färbt sich New York rosa: Auf dem Foto lassen sich die blühenden Bäume im Washington Square Park in Greenwich Village bewundern.

347 • Ein blühender Kirschbaum im Madison Square Park, im Hintergrund das Flatiron Building.

348 • Der Green Market auf dem Union Square ist im Frühling und Sommer gut besucht. Dort findet man alle Produkte der Saison.

349 • Im Frühling steht der Park der City Hall in voller Blüte. Im Hintergrund erhebt sich das große Municipal Building, in dem sich die wichtigsten Ereignisse der Stadt abspielen.

350 • Eine Kutsche hält vor ein paar blühenden Kirschbäumen am Central Park in der Nähe des Plaza Hotels.

350–351 • Ein blühender Kirschbaum in den Straßen von Greenwich Village.

Man sagt, die Felsen des Central Parks hätten einen speziellen Magnetismus an sich, der der Stadt ihre legendäre Energie verleiht. Das Bild zeigt einen Sonnentag im Park.

• Im Hintergrund des Strandes von Coney Island befindet sich der berühmte Vergnügungspark. Beide sind im Sommer ziemlich überfüllt.

ASTROLAND
CYCLONE

356 • Das große Schwimmbad im Astoria Park befindet sich unter der Triboro Bridge im Stadtteil Queens, einer der multikulturellsten Gegenden der Stadt mit einem für New Yorker Verhältnisse sehr hohen Anteil an Wohnungen.

357 • Der Battery Park während dem Swedish Midsummer Feast, einer sehr populären Veranstaltung, die im Sommer stattfindet.

358–359 • Badende und Surfer am Strand von East Hampton während einer Wohltätigkeitsveranstaltung. Die Hamptons gehören zu den angesagtesten Orten: Hier kommt an den Sommerwochenenden und zu vielen mondänen Veranstaltungen der New Yorker Jetset zusammen.

PIER A

SURF
RESCUE
URF RESCUE

360–361 • Der See des Central Park erfährt durch die Farben des Herbstes eine Verwandlung. Die eleganten Wohnhäuser der Upper West Side und die Bäume spiegeln sich im See und sorgen für einen spektakulären Anblick.

361 • Eingetaucht in die üppige umliegende Natur nehmen die Seen im Central Park ein wild-romantisches Aussehen an.

362 • Der Zauber der Herbstfarben verwandelt den Central Park in ein magisches Kaleidoskop.

363 • Diese romantische Brücke im Central Park liegt unter Bäumen, die gerade ihre Blätter fallen lassen.

364–365 • Der Literary Walk im herbstlichen Central Park. Die Blätter fallen auf den Weg und dämpfen die Geräusche.

365 • Eine Brücke im Central Park, bedeckt von farbigem Laub, das von den herbstlichen Bäumen fällt.

366–367 • Das Belvedere Castle im Herzen des Central Park in New York wurde 1869 im viktorianischen Stil gebaut.

Die HAUPTSTADT der MODE

Nach dem Shopping sucht eine Frau in den Häuserschluchten Midtowns nach einem Taxi.

EINLEITUNG Die Hauptstadt der Mode

NEW YORK IST EIN FANTASTISCHES SCHLARAFFENLAND, EIN EINKAUFSPARADIES VOLLER UNWIDERSTEHLICHER VERSUCHUNGEN, DAS DEN BESUCHER DER CITY SÜCHTIG MACHEN UND IHN IN EINEM ENDLOSEN STRUDEL UNZÄHLIGER WAREN, ROLLTREPPEN UND OFT TRÜGERISCHER SCHNÄPPCHENANGEBOTE MITREISSEN KANN. NEW YORK IST DIE WELTHAUPTSTADT DER MODE. DAS BEWEISEN DIE GESCHICHTE DES FLATIRON DISTRICT, DESSEN LADIES' MILE ENDE DES 19. JAHRHUNDERTS DER TREFFPUNKT DER GROSSBÜRGERLICHEN DAMEN WAR, UND DER GARMENT DISTRICT BZW. FASHION DISTRICT, DER BEZIRK DER MODE UND STOFFE, IN DEM NOCH HEUTE LAUFBURSCHEN MOBILE KLEIDERSTÄNDER VOLL MIT KLEIDERN DURCH DIE GEGEND SCHIEBEN. GLAMOUR UND DIE NEUESTEN TRENDS LIEGEN HIER IN DER LUFT, DANK DER KREATIVSCHMIEDE DER KÜNSTLER UND DESIGNER, DIE AUS ALLEN TEILEN DER WELT AUF DER SUCHE NACH GLÜCK, ERFOLG UND VOR ALLEM NEUER INSPIRATION IN DIE STADT STRÖMEN.

NICHT NUR DIE BOUTIQUEN UND FLOHMÄRKTE ZEUGEN VON EINER MODISCHEN LEBENSART, SONDERN AUCH DIE BUCHLÄDEN, WIE ZUM BEISPIEL BARNES & NOBLES, WELCHE MIT IHREM GROSSZÜGIGEN

EINLEITUNG Die Hauptstadt der Mode

PLATZANGEBOT ZUM KOSTENLOSEN LESEN VON BÜCHERN UND ZEITSCHRIFTEN EINLADEN UND SO ECHTE BÜCHERSALONS DARSTELLEN. NICHT ZULETZT SPIEGELN AUCH DIE ARCHITEKTUR DER WOLKENKRATZER UND DER NEW YOEKER LEBENSSTIL DAS MODEBEWUSSTSEIN DER STADT WIDER. SELBST VOR DEM HUND, DER DAS NEUESTE STIEFELCHEN- UND MÄNTELCHENMODELL TRÄGT, MACHT DIE MODE NICHT HALT.

LEGENDÄR SIND DIE GROSSEN WARENHÄUSER, WIE DAS ENORME MACY'S, DAS MIT SEINER BERÜHMTEN ERNTEDANK-PARADE ODER DER BLUMENSCHAU IM FRÜHLING TEIL DES NEW YORKER LEBENS IST, UND BLOOMINGDALE'S, DAS DIE BESTEN INTERNATIONALEN MARKEN FÜHRT UND WO SELBST DIE HIGH SOCIETY EINKAUFT, ODER SAKS, DESSEN FASSADE ZU WEIHNACHTEN KOMPLETT MIT LICHTERN GESCHMÜCKT IST. CENTURY 21 IST DAGEGEN DER GRÖSSTE OUTLET-STORE, IN DEM MAN KLEIDER UND ACCESSOIRES DER GROSSEN MODEDESIGNER ZU SCHLEUDERPREISEN FINDEN KANN. SOWOHL NEW YORKER ALS AUCH TOURISTEN STRÖMEN IN SCHAREN DORTHIN. HIER IST ALLES ECHT, PERFEKTE IMITATE HINGEGEN FINDET MAN IN DER CANAL STREET IN CHINATOWN.

EINLEITUNG Die Hauptstadt der Mode

DANN SIND DA NOCH DIE LANGEN EINKAUFSSTRASSEN. DIE VON TOURISTEN AM MEISTEN GELIEBTE SHOPPINGMEILE IST DIE FIFTH AVENUE MIT IHREM APPLE-STORE-GLASWÜRFEL, DER WIE AUS EINER ANDEREN WELT ERSCHEINT. GENAU GEGENÜBER DEM PLAZA HOTEL NAHE DES CENTRAL PARKS BEFINDET SICH DAS LEGENDÄRE JUWELIERGESCHÄFT TIFFANY & CO. SOWIE DER RIESIGE SPIELWARENLADEN FAO SCHWARZ. EBENSO BESTAUNENSWERT SIND DIE FUTURISTISCHEN FORMEN DER SUPERELEGANTEN BOUTIQUE VON LOUIS VUITTON UND DIE MODELLE, DIE AM EINGANG VON ABERCROMBIE & FITCH MIT BLOSSEM OBERKÖRPER POSIEREN, UND NATÜRLICH DIE MADISON AVENUE, DIE SICH VON DER 57. BIS ZUR 79. STRASSE ERSTRECKT UND FÜR IHRE LUXUSBOUTIQUEN BEKANNT IST. ELEGANT, ABER EINEN HAUCH INTIMER UND RAFFINIERTER IST DIE BLEECKER STREET IN WEST VILLAGE, WO BERÜHMTE MODEDESIGNER WIE MARC JACOBS IHRE BOUTIQUEN NEBEN KUNSTHANDWERKSLÄDEN HABEN. DAS UNSCHLAGBARE SHOPPING-MEKKA FÜR QUALITÄTSWARE BLEIBT JEDOCH SOHO, DER STADTTEIL MIT SEINEN VERWINKELTEN STRASSEN ZWISCHEN GUSSEISEN-HÄUSERN, DER VOLL VON BEKLEIDUNGS- UND DESIGNGESCHÄFTEN, GALERIEN,

EINLEITUNG Die Hauptstadt der Mode

BÜCHERLÄDEN UND PARFÜMERIEN IST. DIE NEUESTEN LOOKS UND MODETRENDS ÜBERSCHLAGEN SICH HINGEGEN IM MEATPACKING DISTRICT, WO SICH AUCH DIE BOUTIQUE VON DIANE VON FUERSTENBERG BEFINDET, DIE DURCH IHRE SPEKTAKULÄREN ARCHITEKTONISCHEN FORMEN AUFFÄLLT, UND DIE MODEBOUTIQUE VON STELLA MCCARTNEY. EBENSO TRENDY IST DAS VIERTEL NAMENS NOLITA (NORTH OF LITTLE ITALY), WO SICH DIE GESCHÄFTE ENTLANG DER ELISABETH STREET, MOTT STREET UND MULBERRY STREET ERSTRECKEN.

DAS MEKKA DER SCHNÄPPCHEN ODER „BARGAINS“, WIE DIE NEW YORKER SIE NENNEN, IST DIE LOWER EAST SIDE, WO SICH ENTLANG DER ORCHARD STREET UND LUDLOW STREET VIELE EINZELHÄNDLER FÜR KLEIDUNG UND ACCESSOIRES ANEINANDERREIHEN. DAS EAST VILLAGE IST ALS PARADIES FÜR VINTAGE-SHOPS BEKANNT, WO SICH KITSCH UND MUSIK MIT ESOTERIK UND EXOTIK DER INDISCHEN UND TIBETISCHEN LÄDEN MISCHT SOWIE MIT DEM GEIST DES UNDERGROUND, DER AUCH VERSCHIEDENE STRASSEN, WIE DIE LUDLOW STREET CHARAKTERISIERT. HIER KANN MAN AUCH NEUE DESIGNER, DIE MODE IM EKLEKTIZISTISCHEN STIL IMPROVISIEREN, ENTDECKEN.

374 • Ein kreativ dekoriertes Schaufenster. In New York putzen wahre Künstler die Schaufenster der Geschäfte heraus.

374–375 • Das Empire State Building spiegelt sich im Schaufenster einer Boutique: Die ganze Gegend ist ideal zum Shoppen.

376 • Die Kaufhauskette Bloomingdale's gilt als eine der besten für Qualitätsmarken.

376–377 • Ein großes Werbeplakat des berühmten Labels Abercrombie & Fitch zwischen den Gebäuden Downtown Manhattans dominiert die Straße.

TAXI FARE
N.Y.C. TAXI
1F19

378 • Eine Verkäuferin berät einen Kunden bei der Auswahl eines Schmuckstücks. In New York gibt es unzählige Schmuckgeschäfte. Zu den berühmtesten gehört Tiffany in der 5th Avenue.

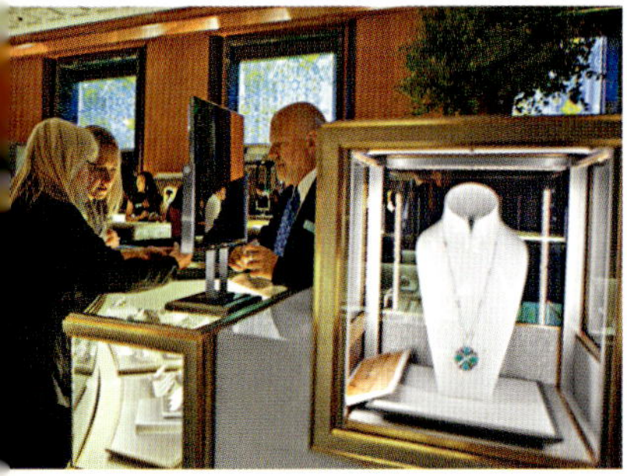

378–379 • Die New Yorker Geschäfte, wie Tiffany auf dem Foto, setzen vor allem auf Exklusivität und Qualität, da sie hier sehr viel Konkurrenz haben.

EXIT

TRUMPTOWE
NYC

Im Trump Tower in der 5th Avenue, einer der berühmtesten Shoppingmeilen der Welt, findet man auch Boutiquen großer Modeschöpfer.

382–383 • Dieses Schaufenster schmücken Miniaturen der berühmtesten New Yorker Wolkenkratzer, darunter auch das Chrysler Building.

383 • Das Andy-Warhol-Denkmal ist das Werk von Rob Pruitt, es steht an der Ecke 18th Street und Broadway in der Nähe des Union Square.

384–385 • Macy's ist das größte Kaufhaus der Welt.

MAC

Y'S

LANCÔME

Am Black Friday, dem Tag nach Thanksgiving und dem offiziellen Anfang der Weihnachtseinkäufe, stürzt sich die Menge hektisch auf die Schlussverkaufs- und Sonderangebote. Auf dem Foto ist das Innere des Kaufhauses Macy's zu sehen.

388 • Das luxuriöse Geschäft von Stella McCartney befindet sich im Meatpacking District. Die Modeschöpferin gehörte zu den Ersten, die sich dafür entschieden hatten, ihre Boutique hier zu eröffnen, um damit zur Aufwertung des gesamten Viertels beizutragen.

389 • Das Schaufenster von All Saints ist mit Nähmaschinen dekoriert. Die Boutiquen im Meatpacking District wetteifern darum, wer das kreativste Schaufenster hat.

ALLSAINTS
SINGER

390 • Mit seinen Designerläden und Kunstgalerien ist SoHo eine sehr beliebte Gegend für Qualitätsshopping. Hier bewundert eine Passantin die Auslagen eines Geschäfts.

390–391 • „Tempt me ..." lautet der Schriftzug auf diesem Schaufenster: Und in Versuchung gerät man leicht bei den vielfältigen Shoppingmöglichkeiten in New York, wo sich tatsächlich für jeden Geschmack etwas findet.

EMPT ME...
MAC

• Der Glaskubus des Apple Stores wird abends komplett beleuchtet.
Das Geschäft auf der 5th Avenue hat vierundzwanzig Stunden geöffnet.

Kunden erklimmen die spiralförmige Treppe des Apple Stores. Das Geschäft selbst ist unterirdisch.

396 • In dem riesigen Lego-Geschäft im Rockefeller Center findet man auch gigantische Skulpturen: Ein richtiges Mekka für die Fans dieser Bausteine.

396–397 • In diesem riesigen Kaufhaus spielt die Architektur mit Formen und Spiegeln.

THE CHILDREN'S
PLACE

RALPH LAUREN

Die Bleecker Street, eine der hippsten Straßen in West Village, in der sich Geschäfte aller großen Modeschöpfer finden. Auf dem Foto ist das Schaufenster der Boutique von Ralph Lauren zu sehen.

400 • Abends sind die Geschäfte der Einkaufszentren erleuchtet und schaffen eine magische Stimmung aus Licht und Farben.

401 • Für dieses Schaufenster von Banana Republic wurde – thematisch passend zur Stadt – die Reproduktion eines Titelblatts der Zeitschrift The New Yorker verwendet, die bei New Yorkern und Intellektuellen sehr beliebt ist.

April 17, 1948
THE NEW YORKER
Price 20 cents
FASHION'S NIGHT OUT SEPT.10 2010 NYC
FEATURING AN EXCLUSIVE EXHIBITION OF COVERS FROM THE ARCHIVES OF *THE NEW YORKER*.

ENT.
Disney
MARY

Der große Disney Store, der am Times Square eröffnet wurde, ist ein richtiger „Vergnügungspark" für Groß und Klein.

LICHT AUS, SPOT AN!

Die Freiheitsstatue ragt vor den tausend Lichtern der Skyline von Downtown und dem New Yorker Finanzzentrum in den Himmel.

EINLEITUNG Lichtaus, Spotan!

WENN SICH DAS LICHT DER STADT IN NEW YORK AM HIMMEL BRICHT, DEN DIE WINDBÖEN STÄNDIG VERÄNDERN, ENTSTEHT EIN GANZ BESONDERER ZAUBER, DER SEINESGLEICHEN SUCHT. HELLBLAU UND KALT IN DEN FRÜHEN MORGENSTUNDEN, WENN SICH IM WINTER ZUWEILEN EIN LEICHTER NEBEL VOM BODEN HEBT. WARM UND GELB, UMHÜLLEND UND VERKLÄREND AM ABEND, WENN DIE STRAHLEN DER SONNE FORSCH UND NEUGIERIG ZWISCHEN ALTEN WOHNHÄUSERN UND TOWNHOUSES HINDURCHSCHEINEN. BLENDEND WEISS, HELL UND GAR PENETRANT IST DAS LICHT IN DEN STUNDEN, IN DENEN DIE SONNE AM HÖCHSTEN STEHT, WENN ES SICH IN DEN FENSTERN UND SPIEGELGLASFASSADEN DER RIESIGEN WOLKENKRATZER BRICHT, FAST ALS WOLLTE ES SIE HERAUSFORDERN, MIT IHM IN RICHTUNG HIMMEL ZU SCHREITEN. SANFT, DIFFUS UND GRAU, WENN DIE WOLKEN DEN HIMMEL BEDECKEN UND IHN MILCHIG ERSCHEINEN LASSEN, OHNE GRENZEN IN RAUM UND ZEIT. UM DEN SONNENAUFGANG ZU SEHEN, MUSS MAN IN DEN

EINLEITUNG Lichtaus, Spotan!

OSTEN DER STADT GEHEN ODER NOCH BESSER AM EAST RIVER IN MIDTOWN ENTLANG, GENAU VOR DEM GROSSEN, ROTEN SCHRIFTZUG VON PEPSI-COLA AUF LONG ISLAND. AM FRÜHEN MORGEN FÄRBT SICH DER HIMMEL ÜBER NEW YORK ROSA UND WEIST SCHIMMERNDE VIOLETTTÖNE IN ALLEN SCHATTIERUNGEN AUF, MIT DENEN SICH BISWEILEN AUCH DIE WOLKENSCHÄFCHEN FÄRBEN, UND ERZEUGT DADURCH UNGLAUBLICHE STIMMUNGEN. DER FEURIGE SONNENUNTERGANG TAUCHT DIE CITY IN INTENSIVE ORANGE- UND ROTTÖNE, DIE GLEICHMÄSSIG AM HORIZONT ENDEN ODER SICH DURCH UNKONTROLLIERBARE WOLKENMASSEN, DIE AN WINDIGEN TAGEN RASCH IHRE FORM UND GESTALT ÄNDERN KÖNNEN, ÜBEREINANDER SCHIEBEN, WIE IN EINEM UNVORHERSEHBAREN SCHATTENSPIEL. WER DEM VERLAUF DER SONNE IN RICHTUNG WESTEN FOLGEN WILL, UM IHREN SPEKTAKULÄREN UNTERGANG HINTER DEN DÄCHERN DER HÄUSER VON BROOKLYN ODER DEN WOLKENKRATZERN UND GEBÄUDEN VON NEW JERSEY ZU VERFOLGEN, KANN DIE FUSS- UND RADWEGE NUTZEN, DIE SICH AM HUDSON RIVER ENTLANG ÜBER DIE

EINLEITUNG Lichtaus, Spotan!

GESAMTE INSEL ZIEHEN. SIE ERSTRECKEN SICH VON MANHATTAN, VON DER UPPER WEST SIDE, NAHE DEM CAFÈ AM RIVERSIDE PARK ODER GEGENÜBER DEN TRUMP-HOCHHÄUSERN, WO SICH RESTE DER ALTEN BAHNSTRECKE BEFINDEN, BIS ZU DEN PIEREN VON CHELSEA, ZU DER GRÜNANLAGE VON TRIBECA, ZUM YACHTHAFEN DES FINANCIAL CENTER, UNTER DER BROOKLYN BRIDGE DURCH ODER ZUM BATTERY PARK, WO SICH IM HINTERGRUND DAS PROFIL DER FREIHEITSSTATUE ABZEICHNET. ODER MAN STEIGT NACH OBEN, SEHR WEIT NACH OBEN, AUF DIE RIESIGEN WOLKENKRATZER, AUF DAS EMPIRE STATE BUILDING ODER DAS ROCKEFELLER CENTER ODER AUF DAS DACH EINES DER TOWNHOUSES ODER BROWNHOUSES, UM DEN BLICK ÜBER DIE STADT SCHWEIFEN ZU LASSEN. DIE SONNE BIETET EIN UNVERGESSLICHES SPEKTAKEL, BIS ZU DEM MAGISCHEN AUGENBLICK, WENN DIE LICHTER DER CITY NACHEINANDER ANGEHEN UND DIE DUNKELHEIT VOLLSTÄNDIG HEREINBRICHT. DANN WIRD NEW YORK GANZ PLÖTZLICH, WIE DURCH ZAUBERHAND, ZUR LEGENDÄREN „STADT DER TAUSEND LICHTER UND FARBEN".

EINLEITUNG Lichtaus, Spotan!

DAS INTENSIVSTE LICHTERMEER FINDET MAN AM TIMES SQUARE, EINEM WAHREN ZIRKUS AN SCHILDERN UND BILDERN, LEUCHTREKLAMEN UND VIDEO-ANZEIGEN, AN GERÄUSCHEN UND TÖNEN, DIE IN IHRER BIZARREN AUFEINANDERFOLGE FAST BETÄUBEND WIRKEN. MAN FINDET SIE AUCH ENTLANG DER AVENUES UND STREETS, DEREN LOKALE SICH MIT NEUEM LEBEN FÜLLEN UND DEM NICHT ENDEN WOLLENDEN STROM DER AUTOS UND GELBEN TAXIS, DEREN SCHEINWERFER DIE WEGE DER NACHT BELEUCHTEN. DANN SIND DA NOCH DIE STRASSENLAMPEN UND LATERNEN (HEUTE MIT KÜNSTLICHEM LICHT) DES CENTRAL PARKS ODER ENTLANG DER HÄUSER DER ALLEEN, DIE IN DEN ABGELEGENEREN GEBIETEN, WIE IN BESTIMMTEN STRASSEN DER UPPER WEST SIDE UND UPPER EAST SIDE, IN WEST VILLAGE SOWIE ENTLANG DER PERRY STREET UND GREENWICH STREET, IN GRAMERCY PARK, ODER SOGAR IN EINIGEN GASSEN VON HELL'S KITCHEN, AN DIE VERGANGENHEIT ERINNERN ODER AN EINE MÄRCHENHAFTE WELT, DIE EDEL UND ZEITLOS IST UND VOM AUGENBLICK LEBT, BESONDERS, WENN MITTEN IN DER NACHT EINE PFERDEKUTSCHE VORBEIFÄHRT.

410 • Auf Höhe der alten Pfeiler und der alten Eisenbahnlinie der Upper Westside färbt die Morgenröte den Hudson und den Himmel rosa.

411 • Wie ein riesiger Feuerball geht die Sonne auf und taucht den Himmel zwischen den hohen Gebäuden Uptowns in rotes Licht.

MADAME

Bei den ersten Sonnenstrahlen steigt Nebel zwischen den Wolkenkratzern der New Yorker Skyline auf und versetzt alles in eine verzauberte Stimmung.

414–415 • Vor einem intensiv orange-gelben frühmorgendlichen Himmel zeichnet sich die Freiheitsstatue ab.

416–417 • Vor allem im Winter taucht die Morgenröte den Himmel manchmal in intensive Farben.

NEW
YORKER

418 • An einem wolkenreichen Tag nehmen die New Yorker Wolkenkratzer fast irreale Umrisse und Farben an und bilden einen Kontrast zum dichten Grau des Himmels, der vom schwachen Licht der frühen Morgensonne aufgehellt wird.

418–419 • An einem Vormittag mit wahrlich einzigartigen Farben schaut das Empire State Building hinter der Brooklyn Bridge hervor.

Blick über Brooklyn – am Horizont taucht die Sonne zwischen den Umrissen der Wolkenkratzer Manhattans auf.

422 • Die Skyline des Finanzzentrums am frühen Morgen, im Hintergrund die aufgehende Sonne, die ein fantastisches Schauspiel aus Licht und Schatten heraufbeschwört.

423 • Ganz früh am Morgen spiegeln sich die Gebäude des Finanzzentrums im Wasser des Flusses, was eine überraschende Wirkung erzielt.

Die Wolkenkratzer des Finanzzentrums – links das Gebäude der Vereinten Nationen – werden am frühen Morgen in flammendes Sonnenlicht getaucht.

Die Brooklyn Bridge färbt sich im warmen Licht des Sonnenuntergangs bisweilen orange.

Kurz vor Sonnenuntergang wird die Spitze des Empire State Buildings durch das Verschmelzen der Farben in ein magisches Licht getaucht. Die Spitze des Gebäudes wechselt je nach Tages- und Jahreszeit ihre Farbe.

Bei Einbruch der Dunkelheit entzünden sich in den StraSSen New Yorks Tausende von Lichtern, die man am besten von oben sehen kann.

432–433 • Abends, wenn die Lichter brennen, ist der New Yorker Hafen mit seinem Pier und den vor Anker liegenden historischen Booten besonders schön. Im Hintergrund ist der Umriss des Empire State Buildings zu erkennen.

434–435 • Die Skyline der „Stadt, die niemals schläft" spiegelt sich im ruhigen Wasser des Hudson River.

W
HOTELS
OH YEAH, YOU'LL FIT RIGHT IN IN CONNECTICUT.
$29

436 • Ein futuristischer Ausblick auf das neue New York, das mit all seinen Lichtern in gröSStmöglicher Intensität erstrahlt.

436–437 • Wenn die Wolkenkratzer nachts von bunten Lichtern erleuchtet sind, bilden sie unter anderem dank ihrer modernen Wände aus Glas und Stahl unglaubliche Kontraste aus Formen und Farben.

NO TURN
NO TURNS
LOEWS
JOE BOXER
Panasonic
in here

Wenn es regnet, spiegeln sich die Lichter des Times Square in den seichten Wasserflächen, die sich auf dem Asphalt gebildet haben, und erzeugen ein bizarres Farbenspiel.

HAIR
LET THE SUN SHINE IN
DARK SECRETS REVEALED
JULY 15
HEYDAY FILMS
HALF-BLOOD PRINCE
ROCK OF AGES
A NEW MUSICAL
JOHNNY DEPP
PUBLIC ENEMIES
WINNER! 7 TONY AWARDS
BEST MUSICAL REVIVAL
RODGERS & HAMMERSTEIN'S
SOUTH PACIFIC
DIRECTED BY BARTLETT SHER
LINCOLN CENTER THEATER
TEXT "ROCKFAN" to 56543
GUEST SUITES
CENTER STAGE CAFE
DOUBLETREE GUEST SUITES
WEST SIDE STORY

440–441 • Nachts werden die Theater des Broadway von Tausenden Lichtern und Farben erleuchtet.

442–443 • Autos und Taxis stecken zwischen den vielfältigen Lichtern und Leuchtreklamen des Times Square im Stau.

FORD CENTER
42
STUDIOS
DUKE
AFTER THE FALL
AFTER THE FALL
AmericanAirlinesTheatre
AmericanAirlinesTheatre
PIZZA!
NEW VICTORY
42ND
MONTERO

MEDALLION
M
FINANCIAL GROUP
OFF
8H91
DUTY

HEBREW NATIONAL
PREMIUM Beef Franks
SABRETT
WE'RE ON A ROLL !!!
SABRETT
SABRETT
HOT DOG HOT SAUSAGE PRETZEL KNISHES BEEF PATTY ITALIAN SAUSAGE CHESTNUTS
HOT DOG
SABRETT
SHISH KEBAB
CHICKEN KEBAB
HOT DOG

Die Lichter der Verkaufsstände verschmelzen mit denen der Radio City Music Hall und der Stadt.

PIER 17

446–447 • Unter der Brooklyn Bridge glitzern der Pier und der Hafen New Yorks, im Hintergrund die Wolkenkratzer.

447 • Die Jacob Wrey Mould Fountain wurde 1871 im City Hall Park in Lower Manhattan errichtet, danach wurde sie eine Zeit lang in die Bronx verlegt, von wo sie im Jahr 2000 wieder hierher zurückgebracht wurde.

448 • Die Verrazano-Narrows Bridge verbindet die Bezirke Staten Island und Brooklyn. Sie ist nach dem französischen Entdecker italienischen Ursprungs Giovanni da Verrazano benannt, dem Seefahrer, der den Hafen von New York und den Hudson entdeckte.

449 • Das Chrysler Building thront mit seiner herrlichen Spitze zwischen den anderen Gebäuden der Stadt. Wenn es erleuchtet ist, kann man es von fast allen wichtigen StraSSen Midtowns sehen.

450 ● Zwei riesige himmelwärts gerichtete Lichtbündel sollen in der Installation „Tribute in Light" an die beiden Zwillingstürme erinnern.

451 ● Das One World Trade Center, besser bekannt als Freedom Tower, ist der zentrale Wolkenkratzer des New World Trade Center.

452–453 • Auch die Umrisse der zahlreichen Brücken, die Manhattan mit dem Festland verbinden, sind bei Nacht komplett beleuchtet und bieten so ein ganz besonderes Lichterspektakel.

453 • Panoramablick von oben auf Midtown East bei Nacht, gleich nach Sonnenuntergang. In der Mitte der East River.

454–455 • Auf der Brooklyn Bridge fahren die Autos schnell, abends verwandeln sie sich in ein einzigartiges Lichtbündel, dem sie nachzujagen scheinen.

456–457 • Die Skyline von Manhattan, hier von Brooklyn aus betrachtet. Die Lichter der GroSSstadt spiegeln sich im Wasser und scheinen sich in einem zauberhaften Regenbogen zu verlieren.

Gleich nach Sonnenuntergang gehen an der Brooklyn Bridge, die über den intensiv blauen Fluss führt, die Lichter an.

460 • Der 4. Juli, der Unabhängigkeitstag der Vereinigten Staaten, wird in New York mit Feuerwerk gefeiert.

460–461 • Blick auf New York und die Skyline, im Vordergrund das über dem Hudson gezündete Feuerwerk.

NEW YORK zur WEIHNACHTSZEIT

Das Rockefeller Center hat sich für die Festtage herausgeputzt, im Hintergrund der berühmte Weihnachtsbaum, vor dem sich die Eislaufbahn befindet.

EINLEITUNG New York zur Weihnachtszeit

NEW YORK IST DIE STADT DER TRÄUME. BESONDERS ZU WEIHNACHTEN KÖNNEN HIER MIT SANTA CLAUS, DER DIE KINDER IN DEN EINKAUFSZENTREN EMPFÄNGT UND AUF DER STRASSE MIT DEN LEUTEN SPRICHT (MANCHMAL SOGAR IN BEGLEITUNG VON RENTIEREN ODER WICHTELN) TRÄUME WAHR WERDEN. DIE STRASSEN SIND DANN FESTLICH GESCHMÜCKT, UND ZAHLREICHE BÄUME WERDEN MIT MILLIONEN VON LICHTERN HERAUSGEPUTZT. DIE GESCHÄFTE IN DER FIFTH AVENUE ÜBERBIETEN EINANDER MIT PRACHTVOLLER SCHAUFENSTERGESTALTUNG UND EINER DEKORATION AUS BUNTEN KUGELN, LICHTERN UND EINER UNMENGE AN GESCHENKPAKETEN. GESCHMÜCKTE WEIHNACHTSBÄUME ZIEREN DIE GÄRTEN UND DIE INNENRÄUME DER WOHNGEBÄUDE, HOTELS UND EINKAUFSZENTREN. DIE STADT BEFINDET SICH IN EINEM TOTALEN AUSNAHMEZUSTAND: DIE MUSEEN SIND OFFEN, UNZÄHLIGE AUSSTELLUNGEN UND AKTIONEN FINDEN STATT. KUNSTGALERIEN ORGANISIEREN VERNISSAGEN MIT WEIHNACHTSGEBÄCK UND LEBKUCHEN. RESTAURANTS UND LOKALE SIND MIT GLITTER GESCHMÜCKT UND BIETEN

EINLEITUNG New York zur Weihnachtszeit

WEIHNACHTS- UND NEUJAHRSPARTIES AN. ÜBERALL ERTÖNEN FESTLICHE CHORGESÄNGE UND STIMMUNGSVOLLE WEIHNACHTSLIEDER, BEVOR FEUERWERKE DEN BEGINN DES NEUEN JAHRES ANKÜNDIGEN.

DER FARBENFROH GESCHMÜCKTE BIG APPLE VERBREITET WEIHNACHTLICHE STIMMUNG UND AUCH DIE NEW YORKER SELBST VERFALLEN IN EUPHORIE, FEIERN PARTIES AM ARBEITSPLATZ UND TREFFEN SICH ZU HAUSE UND IN BARS MIT FREUNDEN, WÄHREND DIE KINDER (ABER NICHT NUR SIE) VON DEN WUNDERBAREN ANGEBOTEN DER SPIELZEUGLÄDEN, WIE TOYS "R" US, UND VIELEN ANDEREN ATTRAKTIONEN DES TIMES SQUARE IN DEN BANN GEZOGEN WERDEN, WO SIE JEGLICHEN FANTASIEN FREIEN LAUF LASSEN KÖNNEN.

ZUR WEIHNACHTSZEIT GEHÖREN AUCH DIE WEIHNACHTSMÄRKTE MIT VERKAUFSSTÄNDEN FÜR KUNSTHANDWERK UND SÜSSIGKEITEN, Z.B. AM UNION SQUARE UND IM BRYANT PARK, UND ROMANTISCHE PLÄTZE, WO MAN SCHLITTSCHUHLAUFEN KANN. DAZWISCHEN THRONT DAS VON JOHN D. ROCKEFELLER ERBAUTE ROCKEFELLER CENTER, DAS MIT EINER VON

EINLEITUNG New York zur Weihnachtszeit

LICHTENGELN BELEUCHTETEN ALLEE AUFWARTET, DIE ZU DEM RIESIGEN WEIHNACHTSBAUM FÜHRT. SEINE LICHTER WERDEN JEDES JAHR VOR FREUDIGEM PUBLIKUM ENTZÜNDET, WAS DEN OFFIZIELLEN BEGINN DER WEIHNACHTSZEIT MARKIERT. DER BRYANT PARK IST MIT SEINER EISBAHN FÜR VIELE TOURISTEN UND TRENDBEWUSSTE NEW YORKER NACH DER ARBEIT DER ANGESAGTESTE WEIHNACHTLICHE TREFFPUNKT. SCHLITTSCHUHLAUFEN KANN MAN AUCH AUF DEM STIMMUNGSVOLLEN „POND" IM CENTRAL PARK, IN DEM SICH DIE WOHNHÄUSER UND HISTORISCHEN GEBÄUDE VON CENTRAL PARK WEST SPIEGELN. DIESER SEE BILDETE SCHON DIE KULISSE FÜR ZAHLREICHE LIEBESGESCHICHTEN IN ROMANEN UND FILMEN, DARUNTER „WEIL ES DICH GIBT“ MIT JOHN CUSACK, DER EINEN GLÜCKLICHEN ZUFALL BESCHREIBT, UND ZUGLEICH EINEN AN MAGIE GRENZENDEN UND UNVERGESSLICHEN MOMENT DES GLÜCKS, DER DEM GEIST VON WEIHNACHTEN, DER DEN BIG APPLE BELEBT, SEHR ÄHNELT.

- Ein Haus in einem der Außenbezirke wurde mit Figuren und anderen Weihnachtsdekorationen in ein regelrechtes Lichtermeer verwandelt.

Merry Christmas

HAPPY
HOLIDAYS
HAPPY

468–469 • Ein Geschäft im Zentrum ist von oben bis unten mit dem Schriftzug „Happy Holidays" bedeckt: Frohe Festtage.

469 • Auf einer Straße in Downtown trägt ein Paar einen Weihnachtsbaum nach Hause. Weihnachten in New York ist sehr romantisch.

470 • In der Weihnachtszeit fallen Heerscharen von Weihnachtsmännern in der Stadt ein und veranstalten einen fröhlichen Umzug.

470–471 • Die Weihnachtmänner, die soeben am Times Square angekommenen sind, winken.

472–473 • Dichter Schneefall auf der 6th Avenue vor der Radio City Music Hall.

PHANTOM
MAJESTIC THEATRE
THE LOST AND DAMNED
XBOX LIVE
XBOX 360
DIRECTED BY BARTLETT SHER
city outdoor
sbarro
Volunteers of America

RADIO CITY
RADIO CITY
NINE WEST

ROMETHEUS TEACHER IN EVERY ART BROUG
AT HATH PROVED TO MORTALS MEANS TO

474–475 • Die Bronzestatue des Prometheus, das Wahrzeichen des Rockefeller Centers, thront im Winter über der Eislaufbahn.

475 • Hinter der Prometheus-Statue erhebt sich der riesige Weihnachtsbaum. Das Einschalten seiner Beleuchtung wird jedes Jahr von einem großen Spektakel begleitet: Weihnachtsmusik erklingt und viele Prominente, darunter auch der Bürgermeister, nehmen an der Show teil.

POLICE

Weihnachtsdekorationen und Wasserspiele verschönern das Zentrum von Midtown in der Nähe des Rockefeller Centers.

478–479 • Ein Soldat aus Metall vor der Weihnachtsbeleuchtung des Rockefeller Centers.

479 • Das Kaufhaus Macy's erstrahlt zu Weihnachten in Lichtern und Farben und ist immer vierundzwanzig Stunden geöffnet, das heißt, man kann auch mitten in der Nacht noch shoppen gehen.

Die Lichter an den Bäumen des Rockefeller Centers, dahinter die höchsten Wolkenkratzer des Komplexes.

482–483 • Der Palmengarten im World Financial Center in Lower Manhattan ist anlässlich der Weihnachtsfeiertage mit Lichtern geschmückt.

483 • Das Innere des Trump Towers in der 5th Avenue ist zu Weihnachten festlich geschmückt.

484–485 • Im Finanzzentrum verbreitet eine Installation in Form von Glühbirnen Weihnachtsstimmung.

485 • Nachts, wenn die Lichter an sind, wird die Atmosphäre noch zauberhafter, und die Stadt erstrahlt in bunten Farben.

SAKS & COMPANY
NO STANDING ANYTIME
SAKS & COMPANY

Das Warenhaus Saks gehört zu den Lieblingszielen für alle, die auf weihnachtlicher Shoppingtour sind. Darüber hinaus ist es berühmt für seine wunderschönen Schaufenster.

488–489 und *489* • Viele Weihnachtsdekorationen werden, wie in diesem Geschäft von Cartier, direkt an der Wand der Gebäude oder Kaufhäuser angebracht.

490–491 • Das Time Warner Building öffnet sich mit seiner großen Glasfront zum Central Park hin. Es gehört zu den schönsten Einkaufszentren und ist geprägt von Boutiquen und Geschäften, die in der Weihnachtszeit herrlich geschmückt sind.

BOSS

Dieser Weihnachtsbaum steht zwischen den Hochhäusern des Bloomberg-Building-Komplexes, wo sich das „Hauptquartier“ der Bloomberg L.P. befindet.

Bloomberg

494–495 • Diese Weihnachtsdekorationen verschönern ein Wohnviertel in Brooklyn. Die Amerikaner lieben es, Parks, Gärten und Hauseingänge mit Tausenden von Lichtern und leuchtenden Figuren zu schmücken.

496–497 • Dieses Haus steht in Dyker Heights, einem Brooklyner Viertel, das schon immer für seine vielfältigen und eklektischen Weihnachtsdekorationen bekannt war. Auch an Weihnachten ist New York ein „melting pot", da sich hier Traditionen und Sitten aus der ganzen Welt vereinen, vor allem in einer so multikulturellen Gegend wie Brooklyn.

8404

Valeria Manferto De Fabianis, die Herausgeberin dieser Reihe, ist in Vercelli (Italien) geboren. Sie studierte Literatur und machte einen Abschluss in Philosophie an der Katholischen Universität Sacro Cuore in Mailand. Ihre Leidenschaft gilt dem Reisen und der Natur und sie hat an TV-Dokumentationen und verschiedenen Reportagen für namhafte italienische Fachzeitschriften mitgearbeitet. Außerdem verfasste sie die Texte für zahlreiche Bildbände. Im Jahr 1984 gründete sie zusammen mit Marcello Bertinetti den Verlag Edizioni White Star, den sie bis heute leitet.

INDEX

Alessandra Mattanza ist mit einer Leidenschaft für das Schreiben geboren, ihre erste Geschichte schrieb sie im Alter von sechzehn Jahren. Von Kindheit an träumte sie davon, in New York zu leben, da sie fasziniert war von Filmen, wie „Sonntag in New York", „Frühstück bei Tiffany", „Barfuss im Park" und „Meine Braut ist übersinnlich". Sie beschloss, alles aufzugeben und nach New York zu ziehen, um dort den Geschichten nachzujagen, die das Leben schreibt – Geschichten, die die ganze Menschheit verbinden und sich im „Big Apple" widerspiegeln. Als Autorin, Journalistin und Fotografin fühlt sie sich so vielseitig wie die Stadt, die sie über alles verehrt. Heute fühlt sie sich wie eine echte New Yorkerin, nachdem sie in verschiedenen Vierteln gewohnt hat: Von Tribeca im West Village über die Murray Hill in Midtown, die Upper East Side und die Upper West Side bis hin zum East Village. Alessandra Mattanza arbeitet für bedeutende italienische und deutsche Zeitschriften sowie für große Verlage wie Mondadori, Conde Nast, Rizzoli, Gruner + Jahr, Stern, Sperling & Kupfer, White Star und Giunti. Darüber hinaus ist sie die Autorin von „Storie di New York", eine 2010 bei FBE Edizioni erschienene Sammlung von Kurzgeschichten, die sie derzeit zu einem Drehbuch ausarbeitet.

BILDNACHWEIS

123RF: S. 13, 14–15, 19, 38, 42–43, 85, 88, 89, 126, 126–127, 194, 198, 199, 284–285, 298–299, 330–331, 342–343, 361, 366–367, 423, 430–431, 436, 444–445, 447, 474–475, 475, 476–477
Alfred Abad / Agefotostock / Marka: S. 394–395
Tomas Abad / Agefotostock / Marka: S. 194–195
Daniel Acker / Bloomberg News / Getty Images: S. 376–377
Alamy / Milestone Media: S. 100, 130–131, 142–143, 148, 149, 150, 154–155, 158–159, 166, 167, 168–169, 170–171, 172–173, 174–175, 176–177, 184–185, 208–209, 210, 210–211, 256–257, 268–269, 280, 281, 282–283, 316, 318, 318–319, 320–321, 389, 402–403, 468–469, 486–487, 492–493
J.W. Alker / dpa / Corbis: S. 384–385
Steve Allen / Getty Images: S. 93
Juan Antonio Alonso / Agefotostock: S. 136, 260
Jon Arnold / AWL Images Ltd / Corbis: S. 393
Atlantide Phototravel / Corbis: S. 286–287
Antonio Attini / Archivio White Star: S. 2–3, 26–27, 29, 70–71, 128–129
Axiom Photographic / Design Pics / Corbis: S. 480–481
Allan Baxter / Getty Images: S. 40–41
Bilderbox / Agefotostock / Marka: S. 262–263
Ira L. Black / Corbis: S. 304
Chris Borgman / Glowimages / Corbis: S. 420–421
Roman Bobrovsky / Agefotostock / Marka: S. 266
Btrenkel / Getty Images: S. 449
Ryan D. Budh / Getty Images: S. 410, 451, 458–459
Brian D. Bumby / Getty Images: S. 322
Guy Calaf / Bloomberg / Getty Images: S. 388
Robert Caplin / Bloomberg News / Getty Images: S. 378–379
John Cardasis / Getty Images: S. 228–229
Demetrio Carrasco / AWL Images Ltd / Getty Images: S. 287
Chuck Choi / Arcaid / Corbis: S. 104–105, 106
Timothy A. Clary / AFP / Getty Images: S. 294–295, 302–303, 306–307
Daniel Clements / VIEW / Agefotostock / Marka: S. 214–215
Jody Cobb / National Geographic Image Collection: S. 314–315
Diane Cook and Len Jenshel / Getty Images: S. 196–197, 197
Kevin Cooley / Getty Images: S. 494–495
Alan Copson / Travel Library / Photoshot: S. 479
Cameron Davidson / Corbis: S. 35
Julie Dermansky / Corbis: S. 43
Dosfotos / Getty Images: S. 95, 152–153
DreamPictures / Getty Images: S. 255
Joe Drivas / Getty Images: S. 290–291
Miki Duisterhof / Getty Images: S. 142
Jeremy Edwards / Getty Images: S. 448
EschCollection / Getty Images: S. 482–483
Michele Falzone / Getty Images: S. 380–381
Elan Fleisher / Agefotostock: S. 442–443
Floto & Warner / Getty Images: S. 162–163
Enzo Figueres / Getty Images: S. 11
Wayne Fogden / Getty Images: S. 267
Fotog / Getty Images: S. 317, 432–433, 446–447
Fotog / Tetra Images / Corbis: S. 454–455
Tom Fox / Dallas Morning News / Corbis: S. 4–5
Frank and Helena / cultura / Corbis: S. 369
Franz Marc Frei / Travel Library / Photoshot: S. 488–489
Mitchell Funk / Getty Images: S. 74–75, 82–83, 92–93, 187, 309, 324–325, 326–327, 332, 336–337, 338–339, 346, 350, 350–351, 352–353, 360–361, 362, 363, 414–415, 438–439
Noam Galai / noamgalai.com / Getty Images: S. 450
Bertrand Gardel / Getty Images: S. 206, 206–207, 396
Agnieszka Gaul / Getty Images: S. 456–457
Paul Giamou / Getty Images: S. 49
Glowimages / Getty Images: S. 418
Gunter Gollnick / Agefotostock: S. 180–181
Sylvain Grandadam / Agefotostock: S. 290
Sylvain Grandadam / Agefotostock / Marka: S. 124–125
Spencer Grant / Agefotostock: S. 178
Jeff Greenberg / Agefotostock: S. 403
Jeff Greenberg / Getty Images: S. 123, 236–237
Andrew C. Mace / Getty Images: S. 453
Erich Häfele / Agefotostock: S. 144–145
Tom Hall / Getty Images: S. 418–419
Christian Heeb / Agefotostock / Marka: S. 36–37
Dan Herrick / LPI / Getty Images: S. 390–391
Ben Hider / Getty Images: S. 302, 470, 470–471
Eddie Hironaka / Getty Images: S. 374–375
Andrew Holbrooke / Corbis: S. 381
Clarence Holmes / Demotix / Corbis: S. 306
Scott Houston / Sygma / Corbis: S. 221
San Hoyano / amanaimages / Corbis: S. 416–417
Image Source / Getty Images: S. 164–165
Marc Jackson / Axiom / Getty Images: S. 150–151
Juliane Jacobs / Agefotostock / Marka: S. 66–67
Jumper / Getty Images: S. 46–47, 405
Sean Justice / Getty Images: S. 390
Siva Kachapeswaran / Getty Images: S. 365
Karen Kasmauski / Getty Images: S. 131
Elliott Kaufman / Beateworks / Corbis: S. 230–231
Steve Kelley aka „mudpig“ / Getty Images: S. 460, 460–461
Izzet Keribar / Getty Images: S. 392
Kit Kittle / Corbis: S. 68–69
Philipp Klinger / Getty Images: S. 440–441
Kord.com / Agefotostock: S. 50–51, 52–53, 179, 341

BILDNACHWEIS

Kord.com / Agefotostock / Marka: S. 84, 264–265, 412–413, 436–437, 490–491
Kord.com / Getty Images: S. 44–45, 122–123, 218–219
Kord.com / Image State: S. 73, 202–203, 204–205
KFS / Agefotostock / Marka: S. 489
Rob Kroenert / Getty Images: S. 452–453
Rob Lang / Getty Images: S. 288
Brian Lawrence / Getty Images: S. 428–429
Siegfried Layda / Getty Images: S. 224–225, 364–365
Edward Le Poulin / Corbis: S. 300–301, 301
Jean-Pierre Lescourre / Agefotostock: S. 160–161
Richard Levine / Agefotostock: S. 138–139
James Leynse / Corbis: S. 106–107
Andrew Lichtenstein / Corbis: S. 382–383
Alfredo Maiquez / Agefotostock: S. 272
Alessandra Mattanza: S. 54, 54–55, 56–57, 60, 61, 62, 63, 64–65, 65, 78–79, 79, 101, 105, 111, 147, 182, 182–183, 235, 238, 238–239, 240–241, 242, 242–243, 244–245, 245, 246, 246–247, 258–259, 328, 328–329, 333, 374
Patti McConville / Getty Images: S. 98, 219, 348
Giovanni Mereghetti / Agefotostock / Marka: S. 133
Metzen / Getty Images: S. 483
Michael Nagle / Getty Images: S. 386–387, 396–397
Netcells Limited / Getty Image: S. 24–25
Marvin E. Newman / Getty Images: S. 354–355
Robert Nickelsberg / Getty Images: S. 358–359
Graeme Norways / Getty Images: S. 96–97
Nycretoucher / Getty Images: S. 6–7
Eileen O'Donnell / Getty Images: S. 411
Eva Parey / Agefotostock / Marka: S. 278–279
Andria Patino / Agefotostock: S. 8–9, 434–435
Stuart Pearce / Agefotostock: S. 137, 139
Stuart Pearce / Agefotostock / Marka: S. 86–87, 276–277
Douglas Pearson / Getty Images: S. 463
Janette Pellegrini / Getty Images: S. 401
Photolibrary / Agefotostock: S. 398–399
Ben Pipe / Travel Library / Photoshot: S. 99
Spencer Platt / Getty Images: S. 120–121, 234–235, 400
Louie Psihoyos / Science Faction / Corbis: S. 220
Radius Images / Agefotostock / Marka: S. 349, 472–473, 478–479, 484–485
Paul Raftery / VIEW / Corbis: S. 222–223, 223
Jose Fuste Raga / Agefotostock / Marka: S. 72
Philippe Renault / Getty Images: S. 344–345
Ross Pictures / Corbis: S. 193
Guido Alberto Rossi / Tips Images: S. 146
Alan Schein Photography / Corbis: S. 426–427
Pietro Scozzari / Tips Images: S. 357
Rahav Segev / Retna Ltd. / Corbis: S. 163
Jon Shireman / Getty Images: S. 322–323
Bryan Smith / ZUMAPRESS.com / Corbis: S. 296–297, 383
Johnny Stockshooter / Image State: S. 58–59
Rudy Sulgan / Corbis: S. 90–91, 424–425, 467, 496–497
SuperStock / Agefotostock / Marka: S. 261, 340
Ramin Talaie / Corbis: S. 216–217, 272–273, 378
Mario Tama / Getty Images: S. 226, 227, 274–275
Ray Tamarra / Getty Images: S. 305
Murat Taner / Getty Images: S. 48
Tetra Images / Tips Images: S. 469
Tetra Images / Getty Images: S. 140–141, 347
Travelpix Ltd / Getty Image: S. 16–17, 102–103
Vieri Tomaselli / Agefotostock: S. 76–77
Julian Ungano / Getty Images: S. 120
Lucas Vallecillos / Agefotostock: S. 132, 422
Rob Verhoeven & Alessandra Magni / Getty Images: S. 94
Rudi Von Briel / Getty Images: S. 156–157
Ron Watts / Agefotostock / Marka: S. 39
Craig Warga / Getty Images: S. 270, 270–271
Andy Welsh / Getty Images: S. 312–313
Nathan Willock / Agefotostock: S. 212–213
Barry Winiker / Getty Images: S. 356, 485
Corey Wise / LPI / Getty Images: S. 376
Michael Wong / Getty Images: S. 288–289
Granger Wootz / Blend Images LLC / Corbis: S. 254
Gu Xinrong / Xinhua Press / Corbis: S. 296
Michael Yamashita / Getty Images: S. 108–109, 237
Michael Yamashita / National Geographic Image Collection: S. 34
Bo Zaunders / Corbis: S. 80–81, 200–201, 249, 292–293, 334–335
Walter Zerla / Tips Images: S. 134–135
Mit freundlicher Genehmigung des MAD Museum S. 232, 233

Titelseite von links
Erste Reihe: Mitchell Funk / Getty Images, Antonio Attini / Archivio White Star, Mitchell Funk / Getty Images
Zweite Reihe: Antonio Attini / Archivio White Star, Michael Yamashita / Getty Images, Grant Faint / Getty Images
Dritte Reihe: Antonio Attini / Archivio White Star, Antonio Attini / Archivio White Star, Antonio Attini / Archivio White Star
Rückseite von links
Erste Reihe: Mitchell Funk / Getty Images, 123RF, Antonio Attini / Archivio White Star
Zweite Reihe: Bo Zaunders / Corbis, Mitchell Funk / Getty Images, Alessandra Mattanza
Dritte Reihe: Antonio Attini / Archivio White Star

Titelseite • Von links:
Erste Reihe – Eine romantische Brücke im Central Park; die Prometheus-Statue am Rockefeller Center; Times Square.
Zweite Reihe – Empire State Building; Freiheitsstatue; Detail am Eingang des Solomon R. Guggenheim.
Dritte Reihe – North Cove, Lower Manhattan; Chrysler Building; Luftaufnahme von Manhattan.

WHITE STAR VERLAG

Rückseite • Von links:
Erste Reihe – Zentrum von Midtown; einige Gebäude des Finanzdistrikts; Bronx Botanical Gardens' Conservatory Range.
Zweite Reihe – General Electric Building; Central Park im Winter; Westin Hotel.
Dritte Reihe – Apartmenthaus San Remo; Liberty Island; Trump Building.